TEACH YOURSELF BOOKS

FUR

10634239

 NTC *Publishing Group*

FURTHER FRENCH

Robert Olorenshaw

NTC *Publishing Group*

To my parents, Elizabeth and Howard Olorenshaw

Long-renowned as *the* authoritative source for self-guided
learning – with more than 30 million copies sold worldwide –
the *Teach Yourself* series includes over 200 titles in the fields
of languages, crafts, hobbies, sports, and other leisure activities.

This edition was first published in 1992 by NTC Publishing Group,
4255 West Touhy Avenue, Lincolnwood (Chicago), Illinois 60646 –
1975 U.S.A. Originally published by Hodder and Stoughton Ltd.
Copyright 1989 by R. Olorenshaw

Library of Congress Catalog Card Number: 92–61567

Printed and bound in Great Britain by
Cox & Wyman Ltd., Reading, Berkshire.

Contents

Acknowledgements

I would like to thank the following publishers for their kind permission to reproduce copyright material: Editions Belfond (*Les provinces de France à votre table* by Marc Joly and Sylvie Messinger); Editions Gallimard (*L'être et le néant* by Jean-Paul Sartre); Editions La Découverte (*L'état de la France et de ses habitants*); Editions du Seuil (*L'histoire de la vie privée*, collective work); Fayard/Tallandier (*Les hommes de la croisade* by Régine Pernoud); Presses Universitaires de France (*L'impressionnisme* by Maurice Serullaz).

Many people have helped me in the preparation of this book, among whom I would especially like to thank: Jean-Louis Bouttes, Anne-Sophie Chevalier, Bruno, Christine and Bertrand Ehrhart, Catherine Guyard, Renée Le Flour, Paul Le Jéloux, Herbert Lugert, Jean Paupe and Eric Quesney.

Introduction

A growing number of English speakers can now find their way around the French language. They are able to take part in a conversation without too many « *Excusez-moi, mais je ne comprends pas* », and though they may balk at the idea of trying to read through a whole book in French, they can grasp the broad outlines of a newspaper article without resorting too often to the dictionary or being nonplussed by a lot of complex grammar. These are the speakers of French who, having climbed half or three-quarters of the way up the mountain, feel that past labours spent on learning the language would not be fully compensated unless they made the extra effort to get as close as possible to the top.

If you can see yourself in the above picture then *Teach Yourself Further French* is designed for you. The book presumes you have more than a basic knowledge of the language, that you have, for example, completed and assimilated a course such as *Teach Yourself French*. In practice, this means that you know how to handle everyday situations such as booking a hotel room, ordering a meal or following street directions, but that you feel on less firm ground if you wish to read a novel or if you find yourself in relaxed company where jokes and colloquialisms might fill the air. Your knowledge of French grammar is more than adequate, but you need to build upon what you have learnt and want a clear answer to 'niggling' questions such as 'what is the difference between "c'est" and "il est" ?' or 'when should I use the imperfect rather than the *passé composé*?' In short, you want to move on.

Teach Yourself Further French will take you through a wide range of subjects dealing with life in France, from regional cooking to the cinema, from wine-making to the history of medicine. Each section contains many new lexical items along with further examples and grammatical explanations at the end. The texts are written in the language that one would expect to find in a book or quality newspaper and they sometimes contain expressions or verb tenses that would not normally be encountered in the spoken language. The aim of these texts is to make you familiar enough with 'literary' French so that you should be able to read any non-specialist book with ease. Two chapters also contain several models of letters. The dialogues, on the other hand, reproduce spoken French as it is *really* spoken by the French of today (and so they sometimes include so-called 'taboo' words). The dialogues are available on cassette, and although they are mainly in standard French, there are also a number of regional or 'class' accents that will enable you to grasp the many varieties of the spoken language.

When you have worked your way through *Teach Yourself Further French* you should be well equipped to understand, write, read and speak French at an advanced level.

How to use the book

Teach Yourself Further French is made up of four increasingly difficult levels. In each level there are five chapters, each composed of a written text and a dialogue with a similar theme. Both text and dialogue are accompanied by vocabulary lists containing all new lexical items. Words and expressions that appear more than once in *Teach Yourself Further French* are listed in the general vocabulary at the end of the book. It is recommended that you go through the vocabulary lists once or twice before reading the texts (or, if you have the cassette, listening to the dialogues). Your aim, of course, is to understand everything without having to refer back to the word lists.

The 'Language notes' at the end of each section should help you with questions concerning grammatical and other points. To check your comprehension, the texts and dialogues in each chapter are followed by three fairly comprehensive questions and a list of key words that could be included in possible answers. If you know somebody else who is working with *Teach Yourself Further French*, you could have a conversation with each other based on the topics suggested in this exercise.

Your grasp of grammatical and other points can be tested in the eighteen sets of exercises that follow all the chapters apart from Chapters 10 and 20. After these two chapters you will find revision exercises – sentences to translate from English into French covering some of the major points dealt with in each half of the book.

Abbreviations and symbols

(*f*)	feminine	s.o.	someone
(*f. pl.*)	feminine plural	sth.	something
(*lit.*)	literary	qch	quelque chose
(*m*)	masculine	qn	quelqu'un
(*m. pl.*)	masculine plural		

*   denotes colloquial word or expression used by most French
         people in an informal situation
**   denotes word or expression that might be considered impro-
         per by some people
***   denotes 'swear words' considered by many French people to
         be improper or offensive

Part I

Chapitre Premier

1   Les Français et les vacances

aisé well off
syndicat (*m*) **d'initiative** tourist information office
station (*f*) **balnéaire** seaside resort
Auberge (*f*) **de Jeunesse** Youth Hostel
colonie (*f*) **de vacances** holiday camp
case (*f*) hut
chapelet (*m*) **de perles** string of beads
ski (*m*) **nautique** water skiing
s'énerver to become bad tempered
sanctuaire (*m*) shrine
pèlerin (*m*) pilgrim
embouteillage (*m*) traffic jam
revenu (*m*) **par habitant** per capita income

Comme pour les habitants des autres pays industrialisés, les vacances pour les Français signifient souvent détente et voyages. La plupart des Français sont prêts à dépenser une partie relativement importante de leur budget pour leurs vacances, et ne pas partir est pour eux inconcevable.

Il y a eu une véritable révolution au cours des cinquante ou soixante dernières années sur le plan des vacances. De nos jours, ce n'est pas seulement une poignée de gens aisés qui ont les moyens de partir : les vacances sont un véritable phénomène de masse ! En ce qui concerne la France, ce changement remonte à une date précise, mil neuf cent trente-six, quand le Front Populaire est venu au pouvoir. Le gouvernement a permis aux salariés de prendre deux semaines de congés payés par an et on pouvait également profiter de tarifs réduits sur les chemins de fer. Beaucoup de gens ont rendu visite à des parents et beaucoup d'autres ont ainsi découvert la mer ou la montagne.

Après la guerre, les syndicats d'initiative se sont multipliés, surtout dans les stations balnéaires et le nombre d'Auberges de Jeunesse est vite passé de deux cent cinquante à quatre cents. En plus, des colonies de vacances ont été créées pour accueillir des dizaines de milliers d'enfants de milieu populaire.

Au début des années cinquante, une autre institution très française est née; il s'agit du Club Méditerranée. C'est en Grèce que le «Club» a ouvert son premier village, composé de cases à la polynésienne. Ces villages ont connu un succès extraordinaire grâce à des idées qui, dans certains centres, sont toujours valables. Une fois installés, les clients (Gentils Membres ou GM) n'ont pas besoin d'argent; ils mangent à volonté et pour payer les consommations au bar ils ont un chapelet de perles! Les Gentils Organisateurs ou GO, animateurs au Club, proposent aux GM une gamme d'activités très large, tels que des cours de ski nautique ou des conférences sur la culture du pays.

Le CONCOURS DU FIGARO
— 1 9 8 8 —
L'INVITATION AU VOYAGE

QUESTION N° 1

Selon la légende populaire, onze mille vierges furent massacrées par les Huns à Cologne, le jour de la Sainte-Ursule. C'est un même 21 octobre que furent découvertes les îles Vierges il y a quelques siècles.

Dans quelle mer sont situées les îles Vierges?
1 Mer de Corail
2 Mer des Caraïbes
3 Mer de Tasmanie

QUESTION N° 2

Le chanteur Michael Jackson a, dit-il, pris son billet pour la Lune. Et il est vrai qu'il existe dans une agence de voyages américaine une liste d'attente pour cette traversée de quelque 400 000 kilomètres. Le «stand by» dure depuis près de vingt ans, mais sait-on jamais!

Le 21 juillet 1969 Apollo 11 s'est posé
1 sur la mer de la Tranquillité
2 sur l'océan des Tempêtes
3 sur le mont Hadley

En France, le tourisme à grande échelle a entraîné pas mal de problèmes. Pendant les vacances scolaires, surtout vers le premier juillet et le premier août, il y a d'énormes embouteillages sur les autoroutes et il y a trop de monde dans les gares et les aéroports. Si on va sur la côte, on trouve que tout est plus cher que d'habitude et que le service dans les restaurants et les hôtels est souvent médiocre en raison de l'affluence. On est censé se détendre et on finit par s'énerver!

Il ne faut pas oublier une catégorie importante de tourisme, le tourisme religieux, car la France, avec plus de cinq cents sanctuaires, attire beaucoup de pèlerins de partout dans le monde. Le plus fréquenté de ces sanctuaires se trouve, bien sûr, à Lourdes qui accueille jusqu'à cinq millions de visiteurs par an. D'un point de vue non-religieux, il est intéressant de noter que Lourdes occupe la deuxième place des villes françaises — derrière Paris mais avant Nice ou Cannes — pour le nombre de chambres d'hôtel, et que le revenu par habitant de cette commune est un des plus élevés du pays!

Language notes

1.1 La plupart des Français *Most French people*: **la plupart** means 'most' when followed by a plural noun, (a notable exception is **la plupart du temps**), and is followed by a plural verb. For singular nouns, the most commonly used expression is **la plus grande partie de**:

> Un énorme lit occupe la plus grande partie de la chambre *An enormous bed takes up most of the room*

1.2 une partie relativement importante *a relatively large part*: **important** is very often used to mean 'sizeable'.

1.3 au cours des cinquante ou soixante dernières années *over the last fifty or sixty years*. Numbers precede the words **premiers, derniers, prochains** – **les trois prochains mois, les deux premières semaines**.

1.4 une poignée de gens aisés *a handful of well-off people*. There are three words in French that mean 'people' and though they are sometimes interchangeable, note the following:

gens is normally used for making generalisations and can be very close in meaning to the impersonal **on**. However, in a living language, there is a large number of anomalies and there seems to be no logical reason why the French should say, for example, **les jeunes gens** *young people*, but **les vieilles personnes** *old people*.

personne is *always* used when speaking about a precise number of people: **cent une personnes**.

monde is used when referring to an indefinite number of people in a specific place:

> Il y avait trop de monde dans le parc *There were too many people in the park*

1.5 quand le Front Populaire est venu au pouvoir *when the Popular Front came into power*
(*a*) Many intransitive verbs to do with movement (e.g. **tomber, venir, passer, partir, monter, descendre**, etc.) as well as some other verbs

(**rester, naître, mourir**), are conjugated with **être** in compound tenses. In these cases, the past participle of the main verb always agrees in gender and number with the subject:

> Les filles sont montées jusqu'au sommet *The girls climbed right up to the top*

(*b*) The present tense of **être** or **avoir** + past participle forms the *passé composé*. This tense often translates the present perfect in English, but it is also used for describing complete actions in the past. Examples:

> Je n'ai pas encore nettoyé la voiture *I haven't cleaned the car yet*
> Ils sont passés il y a trois jours *They came by three days ago*

1.6 congés payés *holidays with pay*: **congé** is found in many expressions to do with leave, e.g.

> Elsa est en congé de maternité *Elsa is on maternity leave*
> Le samedi est mon jour de congé *Saturday is my day off*

1.7 on pouvait There sometimes seems to be little difference between the imperfect and the *passé composé* (one often hears French people say **je pouvais le faire, j'ai pu le faire, j'ai voulu le faire, je voulais le faire** etc where the nuance in meaning is not very apparent). However the imperfect, and not the *passé composé*, is used for describing continuous states or actions in the past where the beginning and end are not specified, e.g.

> Maman cousait des boutons pendant que papa bricolait *Mummy was sewing on some buttons while Daddy was doing odd jobs*
> Jean faisait la vaisselle quand on a sonné *Jean was washing the dishes when somebody rang*

In these cases, the imperfect of **être** + **en train de** + infinitive is very frequently used instead of the imperfect of the main verb: J'étais en train de prendre un bain quand le téléphone a sonné.

1.8 ont rendu visite à des parents *visited parents (or relatives)*: **rendre visite à qn** means 'to visit s.o.'; 'to visit a place' is **visiter un endroit**.

1.9 la montagne. The singular is often used in French when English speakers would use the plural:

> Ils vivent à la montagne *They live in the mountains*

1.10 les syndicats d'initiative se sont multipliés *tourist information offices increased in number*. All reflexive verbs are conjugated with **être** in compound tenses.

1.11 **est vite passé de** *soon went from*.

(*a*) **vite** translates 'soon' with past actions:

J'ai vite compris le problème

(*b*) **passer** can be an intransitive or transitive verb. In the latter case it has a direct object and is conjugated with **avoir**:

Nous avons passé nos vacances en Corse *We spent our holidays in Corsica*

Similarly, one would say:

Les filles ont monté les bagages *The girls took the luggage up*
J'ai descendu la malle *I brought the trunk down*

1.12 **deux cent cinquante à quatre cents. Cent** does not take an s when followed by another number, but you must write **deux cents**, **trois cents**, etc. A liaison is always made with a following vowel sound: **huit cents‿hommes, six cents‿ans**.

1.13 **des dizaines de milliers d'enfants de milieu populaire** *tens of thousands of children from a working-class background*.
(*a*) a figure with the suffix **-aine** signifies 'approximately that number' (except for **une douzaine** = *one dozen*): **une vingtaine de pays, une centaine de personnes**, etc.
(*b*) **populaire** does sometimes mean 'well-liked' but more often it means 'of the people', e.g. **La République populaire de Chine, un quartier populaire** (= *a working-class neighbourhood*). Note these examples:

Blackpool est une station balnéaire populaire *Blackpool is a working-class seaside resort*
Blackpool est une station balnéaire très fréquentée *Blackpool is a popular seaside resort*

1.14 **ont connu un succès extraordinaire** *were extraordinarily successful*: **connaître**, besides meaning 'to know', can also be translated by 'to experience', 'to undergo', e.g. **Le pays connaît l'inflation** *The country is experiencing inflation*.

1.15 **payer les consommations** *pay for the drinks*. When **payer** means 'to purchase', it is not followed by a preposition, e.g.

Combien avez-vous payé votre voiture?   *How much did you pay for your car?*
Je l'ai payée cent livres   *I paid a hundred pounds for it*

1.16 **le premier juillet**: **premier** is an exception here, as for all other dates cardinal numbers are used, e.g. **Il est venu ici le deux mai/le trente-et-un mars**.

1.17   si on va sur la côte *if you go to the coast*. The same preposition is used when talking about going *to* a place as for being *in* that place, e.g.

> Il vit **dans les** Alpes; il va **dans les** Alpes
> Il vit **au** Brésil; il va **au** Brésil.

2   Où partir?

---

désert deserted
forfait (*m*) all-in price, package deal
donner sur to look out on
buvette (*f*) food and drink stand
piscine (*f*) swimming pool
animé lively

grand-route (*f*) main road
pollué polluted
dresser une liste to make out a list
attrait (*m*) attraction
musicien (*m*) **ambulant** travelling musician
thé (*m*) **à la menthe** mint tea

Stéphane et Renée Compte, jeune couple sans enfant, sont en train de feuilleter des prospectus pour décider où passer leurs vacances. Ils ont l'embarras du choix!

Stéphane   On est d'accord. Le mieux est de prendre trois semaines en été. Comme ça, nous pouvons partir aux sports d'hiver en février et passer une semaine chez tes parents au mois de mai.

(Il regarde une brochure)

Et si on allait en Irlande? Tout le monde dit que c'est un pays d'une grande beauté.

Renée   Mais cette fois-ci, il faut absolument avoir du soleil! Tu te rappelles, l'année dernière en Ecosse? Nous n'avons eu que de la pluie!

Stéphane   Tu exagères! Il n'a plu que la moitié du temps! Cela ne m'a pas du tout gêné parce que c'était encore plus romantique sous la pluie! Et nous avons trouvé des plages complètement désertes.

Renée C'est vrai. Quand même, je veux me baigner dans la mer sans avoir froid. J'avais les pieds complètement gelés et en plus, on a eu du mal à se débrouiller en anglais. Tu te souviens du type qu'on a rencontré à Inverness, il était chauffeur de taxi à Glasgow, je crois. . . impossible de le comprendre!

Stéphane Bon, voyons un peu. Et si on allait en Corse avec Paradis-Vacances? Ils proposent un forfait très intéressant, une semaine au bord de la mer à l'Hôtel Napoléon

Renée Mais regarde! «Salle de bains à l'étage». Ça veut dire qu'il faut la partager avec d'autres personnes.

Stéphane Cherchons autre chose dans ce cas! Tiens! Le Grand Hôtel avec bars, salons climatisés et piscine chauffée. «Toutes nos chambres donnent sur la mer. . . Buvette sur la plage. . . Nos prix comprennent tous les repas mais le vin n'est pas inclus dans le forfait.» Cela te dit?

Renée Mais continue! «Notre hôtel n'est qu'à deux kilomètres d'Ajaccio, capitale animée de cette île fabuleuse.» Autrement dit, nous serons juste à côté d'une grand-route, ce sera très bruyant et nous aurons du mal à dormir. En plus, la mer doit être très polluée.

Stéphane Si on veut un peu de tranquillité, Fab-Vacances propose un séjour dans l'une des petites îles au large de la côte italienne. . . Mais l'Italie n'est pas très bon marché, le taux de change n'est plus très intéressant.

Renée Et l'italien n'est pas aussi facile que ça. Moi, je comprends mal l'italien.

Stéphane Dans ce cas, je propose qu'on dresse une liste de tout ce que nous voulons. D'abord la mer, ensuite un endroit où on parle français. . .

Renée Et pas trop loin de la montagne non plus.

Stéphane Alors, où partir?

Renée Regarde! «Le Maroc, pays aux mille visages! Deux semaines à Agadir». . . Ta sœur nous a dit qu'il y a de superbes plages au Maroc. Ensuite une semaine à Marrakech: «. . . ville féerique avec tous ses attraits: mosquées, souks, musiciens ambulants et charmeurs de serpents. . . et près des sommets de l'Atlas».

Stéphane Il fera très chaud là-bas.

Renée   Mais on n'est pas obligé de partir en juillet ou en août.
                   On peut partir à la mi-octobre ou même fin octobre
                   début novembre.
Stéphane   Pourquoi pas? Il y aura beaucoup moins de monde à
                   cette époque-là.
Renée   Ça y est alors. On va au Maroc. A propos, comment
                   dit-on en arabe « Je veux prendre un thé à la
                   menthe » ?

Language notes

1.18   Où partir? *Where shall we go?* An interrogative word may be
followed directly by an infinitive without the subject being expressed:

> Que faire? Comment le faire? *What shall we do? How is it to be
> done?*

1.19   jeune couple sans enfant *a young childless couple*: **jeune couple**
is a noun phrase that gives information about Stéphane and Renée.
When a word or phrase is placed after another noun or group of
nouns in this way, the article is omitted: **M. Vix, fermier normand,
aime le fromage**.

1.20   On est d'accord *We're agreed*. When **on** is not used in the
impersonal sense, it generally has the meaning of **nous**.

1.21   Le mieux est de prendre *The best thing is to take*. 'Thing' need
not be translated in this expression. Other examples:

> L'important est d'être heureux
> L'essentiel est d'aimer son voisin

1.22   Et si on allait en Irlande? *What about going to Ireland?* Note
the use of the imperfect in this expression.

1.23   un pays d'une grande beauté *a country of great beauty*. The
indefinite article is used after **de** with abstract nouns accompanied by
an adjective.

1.24   cette fois-ci *this time*. The suffix **-ci** stresses the noun it is
attached to. Similarly, **cette chose-là** *that thing*.

1.25   Nous n'avons eu que de la pluie *All we had was rain (We had
only rain)*. Unlike other negative expressions with **ne**, **ne . . . que** is
followed by **du**, **de la** or **des** instead of **de**.

1.26 **Il n'a plu que la moitié du temps** *It only rained half the time.* Fractions are preceded by the definite article: **les trois-quarts de la population vivent dans les villes.**

1.27 **J'avais les pieds gelés** *My feet were frozen.* When a part of the body belongs to the subject of the verb, it is normally preceded by the definite article. Note the use of **avoir** for describing the state of parts of the body: **J'ai la tête complètement vide.**

1.28 **il était chauffeur de taxi** *he was a taxi driver.* There is no article before the names of professions when these are preceded directly by the verbs **être, rester, devenir** and a personal pronoun or proper name, e.g. **Jean veut devenir acteur.** However, if an adjective is added, or if **c'est** is used, the indefinite article reappears, e.g. **C'est un bon dentiste.**

1.29 **à l'étage** *on the floor* (i.e. *landing*). Note the use of **à**: **son appartement se trouve au quatrième étage.**

1.30 **Cela te dit?** *Does that appeal to you?*; **Cela ne me dit rien** It doesn't appeal to me.

1.31 **à deux kilomètres de**: **à** must be used in such expressions to do with distances.

1.32 **l'italien n'est pas aussi facile que ça** *Italian isn't that easy.* The definite article is used with the names of languages if they are the subject of a verb or the object of a verb other than **parler.**

1.33 **je comprends mal l'italien** lit. *I understand Italian badly.* Note the position of the adverb **mal**; similarly, **Je comprends très bien le français.**

1.34 **de superbes plages**: **de** replaces **des** when an adjective precedes a noun in the plural. An adjective that usually comes after a noun is placed before one for greater rhetorical effect.

1.35 **mosquées, souks**. . . The definite article is generally omitted in enumerations.

1.36 **en juillet ou en août.** When two or more months are referred to, **en** normally translates 'in'. With just one month, **au mois de** is commonly used.

1.37 **fin octobre, début novembre** *end of October or the beginning of November.* In spoken French, and more and more frequently in the written language, **fin** and **début** are used instead of **à la fin de** and **au début de** with years and months, e.g. **Il est venu ici fin '83 début '84.**

1.38   **à cette époque-là** *at that time of year*; **nous avons peu de soleil à cette époque-ci** *we don't have much sun at this time of year.*

1.39   **prendre** means 'to have' sth. to eat or drink.

Questions

Première partie

1   Qu'est-ce qui a permis à des millions de Français de partir en vacances pour la première fois dans les années trente? Quels ont été les résultats?
Mots clef: congés payés, tarifs réduits, station balnéaire, syndicat d'initiative, colonie de vacances, profiter de, rendre visite à, se multiplier

2   Quels sont les inconvénients du tourisme à grande échelle?
Mots clef: vacances scolaires, embouteillages, plus cher que d'habitude, affluence, service médiocre, s'énerver

3   Que pouvez-vous dire au sujet de la ville de Lourdes?
Mots clef: sanctuaire, pèlerin, revenu par habitant, attirer, accueillir jusqu'à

Seconde partie

1   Pourquoi Renée ne veut-elle pas retourner dans un pays comme l'Ecosse?
Mots clef: l'année dernière, que de la pluie, avoir les pieds gelés, avoir du mal à se débrouiller

2   Quels sont les avantages et les inconvénients des hôtels en Corse?
Mots clef: forfait intéressant, climatisé, piscine chauffée, donner sur, salle de bains à l'étage, partager, à deux kilomètres de, bruyant, pollué

3   Pourquoi Renée et Stéphane décident-ils de passer leurs vacances au Maroc?
Mots clef: au bord de la mer, les attraits de Marrakech, la montagne, problème de langue, en dehors des vacances scolaires

Exercice

Where necessary, fill in the spaces with one of the following: **le, la, les, un, une, de, du, de la, des**.

1 Tous ...... habitants, ... hommes, ... femmes, ...
enfants, ... vieillards, ont été évacués.

2 Beaucoup ...... gens croient que ...... plupart ...... Anglais
n'aiment pas ...... bonne cuisine.

3 Avez-vous encore ...... bière?
Je suis désolé, mais nous n'avons que ...... vin.

4 Il est ...... banquier, ... propriétaire ...... plusieurs maisons et père ...... trois enfants.

5 Je lis ...... russe, je comprends un peu ...... hollandais, mais
je parle ...... roumain.

6 Ce n'est pas ...... très bon employé : il passe ...... trois-quarts
...... temps à bavarder.

7 Nous avons vu ...... choses très intéressantes et mangé ......
très bons repas.

8 Je veux porter ...... gants parce que j'ai ...... mains gelées.

9 On dit que ...... Provence est ...... région d' ...... intérêt
exceptionnel.

10 Nous n'avons eu que ...... œufs pour ...... pique-nique parce
que François avait oublié ...... jambon.

Chapitre Deux

1   La gastronomie

chauvin chauvinistic	**épice** (*f*) spice
asperge (*f*) asparagus	**ébranler** to shake (up)
haricot (*m*) bean	**à la gelée** in jelly
cuisinier(-ère) cook	**insolite** unusual
artichaut (*m*) artichoke	**volailles** (*f. pl.*) poultry
pâtissier(-ière) pastry cook	**rose** pink
fruits (*m*) **confits** crystallised fruit	**cuire à la vapeur** to steam
	croquant crunchy
mets (*m*) dish	**louable** praiseworthy
donner le ton to set the tone	**cocasse** ludicrous
serviteur (*m*) servant	**fer** (*m*) **de lance** spearhead
saumon (*m*) salmon	**il est grand temps** it is high time
anguille (*f*) eel	**faire table rase** to make a clean sweep
Carême (*m*) Lent	
le tout-Paris the fashionable set in Paris	

Pour un peuple qui a la réputation d'être fier de sa cuisine nationale —sinon chauvin—il pourrait paraître étrange que les Français reconnaissent que leur patrimoine gastronomique est d'origine... italienne!

En épousant le futur roi Henri Deux en 1533, Catherine de Médicis apporta à l'aristocratie française un raffinement tout florentin. Elle fit venir ses cuisiniers italiens au château de Fontainebleau où on pouvait goûter pour la première fois pâtes, asperges, haricots d'Amérique et artichauts. Catherine fit également franchir les Alpes à ses pâtissiers qui préparèrent des mets salés et sucrés. La cour découvrit aussi la confiture et les fruits confits.

Les familles royales continuèrent à donner le ton. Louis Quatorze, célèbre pour son appétit démesuré, élabora également une étiquette très compliquée. Une ordonnance qui date de 1681 précise en plus de cent points ce que les serviteurs et hauts personnages pouvaient ou ne pouvaient faire lorsque Sa Majesté se mettait à table.

Pour ce qui est de la cuisine elle-même, une révolution commença vers le milieu du dix-huitième siècle. Les contemporains eux-mêmes étaient très sensibles à certains changements, comme l'atteste cette préface à un livre de recettes : « La cuisine moderne est une espèce de chimie. La science du cuisinier consiste à mêler les saveurs ensemble, de manière à ce que rien ne domine. . . et à leur donner cette union que les peintres donnent aux couleurs. Il faut une harmonie de tous les goûts, réunis ensemble ». Cette cuisine met l'accent sur des fusions et des mélanges, rejetant du même coup l'emploi exagéré d'épices trop fortes. Il est intéressant de noter aussi que, pour l'auteur, le cuisinier ressemble à un artiste et, en fait, le cuisinier de métier était en passe de devenir une espèce de héros romantique, de poète inspiré.

Le plus célèbre de ces derniers fut incontestablement Antonin Carême, qui exerça son métier chez le Baron de Rothschild pendant l'époque napoléonienne. Son génie se manifesta dans beaucoup de domaines. Carême inventa le plat froid, comme le veau à la gelée, les aspics de rognons, ou encore la galantine d'anguille qu'on pouvait manger les vendredis ou. . . pendant le Carême !

La cuisine élaborée par Carême devint vite classique et subit peu de modifications importantes pendant cent cinquante ans. Puis, au cours des années soixante, le tout-Paris se mit à parler d'une nouveauté singulière baptisée la Nouvelle Cuisine. S'agit-il là d'une mode passagère ou d'une véritable révolution? Certaines habitudes culinaires ont été certes ébranlées avec des mariages insolites entre viandes et fruits. Les partisans de la Nouvelle Cuisine soulignent aussi l'importance de la «juste cuisson», ce qui veut dire que certains poissons comme le saumon restent presque crus à l'intérieur, que la chair des volailles est rose autour des os et que des légumes, le plus souvent cuits à la vapeur, restent croquants. Dans cette nouvelle cuisine on supprime aussi les quantités trop copieuses. Mais ces tendances, en soi louables, ont mené à des abus comme des portions minuscules ou des mélanges cocasses et franchement ridicules telles les «soles au chocolat» qu'un restaurateur parisien crut bon de proposer à ses clients. Face à de telles outrances, Paul Bocuse, fer de lance de la Nouvelle Cuisine, a affirmé: «Il est grand temps de mettre un terme à toutes ces idioties. Moi-même, je vais montrer l'exemple dans mon auberge en servant le navarin de mouton et la blanquette à l'ancienne.» Les plus grands éprouvent souvent le besoin de faire table rase!

Language notes

2.1 **patrimoine** and not **héritage** is used when speaking of a national or cultural heritage.

2.2 **apporta**: **apporter** means 'to bring' when there is an idea of making a contribution. Here, **apporta** is in the third person singular of the *passé simple*. This tense has disappeared from the spoken language (except in the expression **il fut un temps où** *there was a time when*) but abounds in printed works. The *passé simple* is used to describe past events that are complete and punctual, with little or no bearing on the present as seen from the outside, from the point of view of the writer. This is why it is most often encountered in the third person.

2.3 **fit venir ses cuisiniers** *got her cooks to come*: **faire** in this construction usually means 'to get s.o. to do sth.' rather than 'to compel s.o. to do sth.' (which can be translated by **obliger qn à faire qch**). However, **faire** is used for 'to make' when this verb means 'to cause', e.g.

Vous m'avez fait renverser le café *You've made me spill the coffee*

2.4 **fit franchir les Alpes à ses pâtissiers** *got her pastry cooks to cross the Alps*: **faire faire qch à qn** means 'to get s.o. to do sth.', e.g.

> J'ai fait chanter un air de Mozart à Henri *I got Henri to sing a tune by Mozart*

2.5 **préparèrent des mets:** **préparer** often means to cook a whole dish or meal, e.g. **Maman est en train de préparer le dîner.**

2.6 **salés et sucrés.** A pâtissier today would say '**Nous n'avons que du sucré**' meaning that he has only got sweet pastries. If you wanted, say, a *tarte à l'oignon* or a *quiche* you could ask him, '**Avez-vous du salé ?**'

2.7 **ne pouvaient faire.** With a few verbs in written French (e.g. *savoir, cesser*), **ne** may be used by itself without an accompanying **pas.**

2.8 **se mettait à table** *sat down to eat*. At a dinner party you might say, '**Où est-ce que je me mets ?**' (*Where shall I sit?*)

2.9 **Pour ce qui est de la cuisine elle-même** *As far as cuisine itself goes.*

2.10 **comme l'atteste:** **le** refers back to something already mentioned. It might also refer to a statement that is just about to be made, e.g. **comme je l'ai déjà dit, comme vous devez le savoir, vous l'avez deviné.** This neutral **le** may also stand for an adjective: **Ma voiture est rouge mais celle de mon frère ne l'est pas.**

2.11 **a inventé le plat froid** *invented the cold dish*. The *passé composé* may be used instead of the *passé simple* if it is considered that the action described is of current relevance.

2.12 **rognons** (*kidneys*) are what one eats. Otherwise these organs are called **les reins.**

2.13 **œuf:** the **f** of **œuf** is pronounced in the singular but not in the plural; similarly with **bœuf, bœufs** (*oxen*).

2.14 **cuisson** refers to the way or extent to which a dish is cooked. If you order a steak the waiter will ask, '**quelle cuisson?**' to which you may answer **bleu** (*very rare*), **saignant** (*rare*), **à point** (*medium*) or **bien cuit** (*well done*).

2.15 **les quantités copieuses.** When the French have large helpings they say, '**C'est très copieux.**'

2.16 **telles** is here a rather literary way of saying **comme.**

2.17 un navarin de mouton is a mutton stew normally served with carrots and turnips; **une blanquette** is white meat (usually veal) cooked in a white sauce.

2 Chic et cher

maison (*f*) **d'édition** publishing house

boui-boui (*m*) grubby little restaurant

prendre qch sur le pouce to have a quick bite

note (*f*) **salée** stiff bill

avoir horreur de qch to detest sth.

plein à craquer* crammed full

serveuse (*f*) waitress

couvert (*m*) place setting

crudités (*f. pl.*) raw vegetable salad

coulis (*m*) **de pêche** peach purée

et avec cela? anything else?

eau (*f*) **plate** still water

ventilateur (*m*) electric fan

branché* 'with-it'

vinaigrette (*f*) salad dressing

fin fine, exquisite

ça a été*? was everything all right?

faire le calcul to add (it) up

bon rapport qualité-prix good value for your money

passer sur la note de frais to go on to the expense account

Eric Leclère, qui travaille dans une maison d'édition à Paris et un collègue de la filiale bruxelloise sont en train de se diriger vers un restaurant au quartier latin. Il est presque treize heures.

M. Leclère Comme vous voyez, ça pullule dans le coin, les petits restaurants chic. Je me souviens qu'il y a une dizaine d'années, il y avait un boui-boui, là-bas au coin de la rue, qui a maintenant été transformé en bistro snob. Blinis, œufs de saumon, vous voyez le genre. Mon Dieu, qu'est-ce que c'était cher!

M. Van Hocke C'est la même chose à Bruxelles, vous savez, et même si on prend quelque chose sur le pouce, on a toujours une note assez salée. A moins d'aller dans un fast food prendre un plat à emporter.

M. Leclère Moi, j'ai horreur de ces endroits.

M. Van Hocke Moi aussi. Mais, dites, où est-ce que vous m'emmenez au juste?

M. Leclère	On va dans un restaurant qui vient de s'ouvrir. A vrai dire, je n'y ai jamais mangé mais un ami me l'a recommandé... Alors, il faut tourner à gauche ici, dans la rue Christine. Ah le voilà !

(Ils entrent dans le restaurant)

M. Van Hocke	Mais c'est plein à craquer ! Remarquez, ça, c'est plutôt bon signe.
Serveuse	Bonjour messieurs. Vous êtes combien ?
M. Leclère	Bonjour. On est deux. J'ai téléphoné tout à l'heure pour réserver une table.
Serveuse	A quel nom, s'il vous plaît ?
M. Leclère	Leclère.
Serveuse	Voilà. Leclère... deux couverts pour treize heures... oh là !... vous voyez le monde qu'on a aujourd'hui... on est complètement débordés... Vous pouvez passer au bar prendre un verre si vous voulez... ah ! mais voilà ! une table vient de se libérer. Si vous voulez vous mettre ici. Voilà la carte. Vous connaissez déjà la maison ?
M. Leclère	Non, c'est la première fois qu'on vient.
Serveuse	Eh bien, vous pouvez prendre le menu avec crudités à volonté, entrée et dessert. Mais si vous voulez goûter à nos spécialités, je vous propose la carte.
M. Leclère	En effet, elle a l'air intéressante... Hmm moi, je suis tenté par la salade de fruits de mer...
M. Van Hocke	... et moi par le canard froid avec son coulis de pêches.
Serveuse	Et avec cela ?
M. Leclère	Je vais prendre de l'eau minérale non-gazeuse.
M. Van Hocke	Et moi je prends un Perrier.
Serveuse	Très bien.
M. Van Hocke	L'ambiance est sympathique, ça fait un peu années trente avec les vieilles affiches et le ventilateur au plafond.
M. Leclère	Ça fait plutôt très branché, mais dans cinq ans ce sera autre chose.

(Au bout de deux minutes, la serveuse revient)

Serveuse	Voilà. La salade de fruits de mer pour monsieur et le canard froid. Bon appétit !
M. Leclère	Hmm, c'est vraiment très fin. Je crois qu'il y a du

	jus de framboise dans la vinaigrette. Et votre canard?
M. Van Hocke	C'est excellent. . . on ne peut certainement pas dire que c'est trop cuit!
M. Leclère	Mais que voulez-vous! C'est ça la Nouvelle Cuisine!

(un quart d'heure plus tard)

Serveuse	Ça a été?
M. Leclère	Parfait merci!
M. Van Hocke	Excellent!
Serveuse	Vous prenez un dessert?
M. Van Hocke	Moi, j'ai assez mangé merci, mais j'aimerais un décaféiné.
M. Leclère	Et pour moi rien, mais vous pouvez m'apporter l'addition s'il vous plaît.
Serveuse	Tout de suite.

(La serveuse revient avec l'addition)

Serveuse	Voilà, messieurs.
M. Leclère	Mais elle s'est trompée. . . c'est trop cher! Je vais faire le calcul. Non, c'est juste. . . et on m'a dit qu'il y avait un bon rapport qualité-prix ici.
M. Van Hocke	Mais peu importe. Tout cela va passer sur la note de frais, n'est-ce pas?

Language notes

2.18   la filiale bruxelloise *the Brussels subsidiary*. Adjectives derived from the names of cities are more frequently found in French than in English, e.g. **un journal londonien, la mode parisienne, une femme d'affaires new yorkaise**.

2.19   Il est treize heures. The twenty-four hour clock is more widely used in French than in English, even in the spoken language.

2.20   ça pullule ici, les petits restaurants chics *it's swarming with smart little restaurants here*. Ça is now an accepted spoken equivalent of **cela** (though **cela** should be used in written French). Ça can also express emotional reactions such as distaste or disapproval, as is the case here. If M. Leclère had said '**les petits restaurants pullulent ici**', it would have sounded more neutral than **ça pullule**.

2.21 **Vous voyez le genre** *you see the sort of thing I mean.*

2.22 **Qu'est-ce que c'était cher!*** *It wasn't half expensive!* **Qu'est-ce que**! is an informal variant of **comme**!

2.23 **A moins d'aller** *Unless you go.* The subject of a verb after **à moins de** is understood.

2.24 **prendre un plat à emporter** *to get a take-away*: **emporter** means 'to take something (away) with oneself', e.g. **Si vous allez en Irlande, n'oubliez pas d'emporter un parapluie!**

2.25 **où est-ce que vous m'emmenez?** *where are you taking me?*: **emmener** means 'to take s.o. somewhere' (e.g. to a restaurant, the theatre, etc.) If an English girl were to say **Pierre va me prendre au cinéma**, it would mean something totally different, so take care to use the right verb! **Emmener** can also be translated by 'take s.o. away':

> On a emmené le cambrioleur au commissariat *The burglar was taken away to the police station*

2.26 **On est deux** *There are two of us*; **Ils seront une dizaine** There will be about ten of them; **Nous étions très nombreux** *There were a lot of us*, etc.

2.27 **J'ai téléphoné tout à l'heure** *I rang just now*: **tout à l'heure** can refer either to the past or to the future, e.g. **à tout à l'heure** *see you in a minute*.

2.28 **A quel nom.** Note the use of **à**: **au nom de la loi** *in the name of the law*.

2.29 **passer au bar prendre un verre** *go over to the bar and have a drink*. Verbs of movement are not normally followed by **pour** when the meaning is 'in order to', e.g. **Je suis parti voir mes amis; Il est venu nous dire au revoir.**

2.30 The **carte** can mean both the menu and the dishes on an *à la carte* menu; **le menu** usually means the set menu.

2.31 **Maison** can refer to a company, shop, or restaurant and even to one's apartment.

2.32 **je vais prendre de l'eau minérale non-gazeuse/je prends un Perrier**. You can use either the present of **aller** + infinitive or just the present of a verb for actions that are about to take place and which express personal intentions. Avoid using the future in French to translate 'I'll have a Perrier', etc.

2.33   ça fait un peu années trente *it has a somewhat thirties feel*: **faire** is often used to convey impressions translated by 'sound' 'feel', or 'look'. E.g.

> Le thé à cinq heures, cela fait tellement anglais! *Five o'clock tea! That sounds so English!*

2.34   au plafond *on the ceiling*: **à** translates 'on', as **sur** usually means 'on top of', e.g. **il y a un beau tableau au mur ; il y a un chat assis sur le mur**.

Questions

Première partie

1   D'un point de vue culinaire, qu'est-ce que Catherine de Médicis a apporté à l'aristocratie française?
Mots clef: faire venir ses cuisiniers, pâtissiers, nouveaux aliments

2   Qu'est-ce qui caractérise la révolution culinaire du dix-huitième siècle que Carême a perfectionnée?
Mots clef: espèce de chimie, mettre l'accent sur, épices, le plat froid

3   Quels sont les traits les plus marquants de la Nouvelle Cuisine et quels ont été les excès commis en son nom?
Mots clef: mariages insolites, cru, croquants, à la vapeur, pas assez cuit, copieux, minuscule, mélanges ridicules

Seconde partie

1   Quel genre de restaurant peut-on trouver au Quartier latin?
Mots clef: bistro snob, fast food, déjeuner sur le pouce, boui-boui, note salée

2   Faites la description du restaurant où M. Leclère et M. Van Hocke déjeunent.
Mots clef: ambiance sympathique, branché, beaucoup de monde, serveuse débordée, carte intéressante

3   Qu'est-ce qu'ils prennent? Que pensent-ils du repas? Et du prix?
Mots clef: canard froid, fruits de mer, très fin, faire le calcul, rapport qualité-prix, note de frais

Exercice

Put the verbs in italics into the *passé simple*:

1   Le cuisinier *a mis* le poulet dans la casserole.

2   Ils *ont été* surpris de voir tant de monde au restaurant.

3   Il *n'a pas dit* cela pour nous fâcher.

4   La voiture *s'est arrêtée* et trois hommes *sont descendus*.

5   Le professeur *a fait* répéter les phrases à ses élèves.

6   La comtesse et son futur époux *se sont connus* à Deauville.

7   Personne *n'a pu* l'empêcher d'y aller.

8   Pourquoi Marc *a-t-il été* obligé de faire la vaisselle?

9   Il *a lu* le rapport, *a posé* son stylo sur la table et *a décroché* le téléphone.

10 L'espion *est revenu* me remettre le document.

Chapitre Trois

1   Le cinéma français

industriel (*m*) industrialist	**bande** (*f*) **sonore** sound track
pellicule (*f*) film	**bruit** (*m*) **de fond** background
breveter to patent	noise
sous-sol (*m*) basement	**réalisateur** (**-trice**) director (film,
ouvreuse (*f*) usherette	TV, radio)
remporter un succès to be a suc-	**se plier à** to submit to
cess	**censure** (*f*) censorship
prestidigitateur (*m*) conjurer	**long métrage** (*m*) long film
au ralenti in slow motion	**s'entremêler** to become inter-
truquage (*m*) special effect	twined
tourner un film to shoot a film	**tourner en extérieur** to shoot on
sirène (*f*) mermaid	location
aller de soi to be self-evident	**magnétoscope** (*m*) video-recorder
film (*m*) **muet** silent film	**assidu** keen
tenir tête à hold firm against	**cinéphile** (*m, f*) lover of cinema
sonoriser une salle to install a	**prendre la relève de** to take over
sound system in a cinema	from
cinéaste (*m, f*) film-maker	**téléspectateur** (**-trice**) television
montage (*m*) editing (of film)	viewer

Les débuts du cinéma français sont étroitement liés au nom on ne peut plus juste de Lumière. Les frères Lumière, deux industriels de Lyon, ont mis au point une caméra qui pouvait enregistrer des images sur pellicule et les projeter sur un écran. Ils ont donné le nom de «Cinématographe» à cette invention qu'ils ont fait breveter en février 1895. Dix mois plus tard, les Lumière ont organisé au sous-sol du Grand Café à Paris la première projection payante d'un film avec la première ouvreuse du cinéma. La nouveauté a remporté un succès immédiat. Le billet d'entrée coûtait un franc et au bout de quelques semaines la recette s'est élevée à deux mille francs par jour! Les Lumière ont fourni leur matériel à des opérateurs un peu partout dans le monde. Ceux-ci étaient obligés de passer les films des deux frères à leurs publics, mais, en même temps, ils ont abordé des sujets d'actualité, photographiant des gens sur le vif et laissant des témoignages d'un très grand intérêt sur la vie quotidienne d'il y a cent ans.

Au niveau artistique, le cinéma a pris un tournant décisif au début du siècle avec les œuvres de Georges Méliès. Dans des films comme *Cendrillon* ou *Voyage dans la lune*, cet ancien prestidigitateur a su mettre à profit toutes les potentialités de la caméra, avec des séquences au ralenti et des gros plans saisissants. Méliès a aussi développé certains truquages. Pour tourner une scène avec une

sirène, par exemple, on filmait d'abord une comédienne qui faisait semblant de nager, allongée sur une toile peinte. La pellicule avait déjà été utilisée pour filmer des poissons et les deux séries d'images superposées donnaient l'illusion recherchée. C'est un truquage qui, certes, va de soi aujourd'hui, mais qui était loin d'être évident à l'époque.

Jusqu'à la Grande Guerre, les films muets français pouvaient tenir tête à leurs concurrents américains. Dans les années vingt, cependant, les productions hollywoodiennes ont envahi les salles françaises et, un peu plus tard, les films parlants des Etats-Unis ont porté un coup très dur au cinéma français. Les carrières de beaucoup de cinéastes et de comédiens se sont effondrées du jour au lendemain. De plus, les propriétaires des salles devaient payer des sommes exorbitantes à des sociétes américaines pour sonoriser les salles. Mais certains cinéastes ont réussi à surmonter tous ces problèmes. Dans un film comme *Sous les toits de Paris*, René Clair a non seulement développé un système de montage sophistiqué, il a également fait usage de trois bandes sonores, l'une pour les paroles, la deuxième pour la musique et la troisième pour les bruits de fond.

On a tourné relativement peu de films importants dans les années trente, et pendant la guerre les réalisateurs ont été obligés de se plier à la censure. Par conséquent, ils ont mis l'accent sur le côté esthétique du septième art, ce qui n'a pas empêché Marcel Carné de tourner un pur chef d'œuvre comme *Les enfants du paradis*. Mais le cinéma français n'a retrouvé le dynamisme et le renom international de ses débuts qu'une quinzaine d'années plus tard, quand de jeunes cinéastes comme François Truffaut et Jean-Luc Godard sont devenus célèbres dès leur premier long métrage.

Godard s'est fait remarquer par un style très personnel, où réalité et fiction s'entremêlent souvent. *Le mépris*, par exemple, tourné en extérieur à l'île de Capri, a pour sujet une équipe de cinéma qui tourne un film tiré de l'Odyssée d'Homère. L'actrice principale, Camille, jouée par Brigitte Bardot, ressent du mépris pour son mari Paul. Camille quitte l'île avec le producteur, mais trouve la mort dans un accident de voiture. Le tournage continue avec. . . J-L. Godard dans le rôle de l'assistant du metteur-en-scène, qui est joué par le réalisateur allemand, Fritz Lang!

Où en est le cinéma français d'aujourd'hui? Comme partout ailleurs, il y a des salles qui se vident, concurrencées par la télévision et le magnétoscope. Des cinéastes soutiennent que s'ils avaient plus de ressources, ils pourraient renverser cette tendance. Mais, par rapport à d'autres pays, le nombre de cinémas par habitant est élevé, car le Français moyen, quoique téléspectateur assidu, reste un cinéphile qui préfère voir ses films au cinéma ! Par ailleurs, et malgré tous les propos pessimistes qu'on entend sur le déclin irréversible du cinéma, de jeunes cinéastes fort doués ont pris la relève de leurs aînés : tout compte fait, on pourrait même dire que le cinéma français se porte très bien.

Language notes

3.1 on ne peut plus is an expression that can be placed before an adjective to give the meaning of 'it is impossible to be more', e.g. **avec son béret et sa baguette, Pierre est on ne peut plus français.**

3.2 caméra means 'movie camera'; the word for 'camera' is **appareil (photo).**

3.3 qu'ils ont fait breveter *which they had patented*: **faire faire qch** means 'to have/get sth. done'.

3.4 Les Lumière. Family names do not take an **s** in the plural.

3.5 Ceux-ci here means 'the latter'. The feminine would of course be **celle(s)-ci** and the masculine singular **celui-ci**. They are more frequently used in French than their English equivalent.

3.6 comédien (-nne) *actor, actress*; 'comedian' is **acteur comique.**

3.7 dès means 'starting from, as far back as', e.g. **les Américains avaient des télé-couleurs dès les années cinquante.**

3.8 s'est fait remarquer. The reflexive form of **faire** followed by an infinitive can often be translated by 'got' + past participle:

Il s'est fait écraser par un camion *He got run over by a lorry*
Je dois me faire couper les cheveux *I must get my hair cut*

3.9 qui ressent du mépris *who feels scorn*. Generally speaking, **ressentir qch** means 'to feel sth.' from a psychological angle, while **sentir qch** means 'to feel sth.' from a physical point of view:

J'ai senti sa main sur mon épaule *I felt his hand on my shoulder*

Se sentir usually translates 'to feel' + adjective:

Je me sens un peu déprimé *I'm feeling a little depressed*

3.10   Où en est le cinéma français d'aujourd'hui? *Where does the French cinema stand today?* **En** may convey the idea of 'having reached a certain point or stage':

> Où en sommes-nous dans ce livre? *Where have we got to in this book?*
>
> Elle en est déjà à son troisième mari *She is already on her third husband*

3.11   s'ils avaient plus de ressources, ils pourraient renverser cette tendance *if they had more resources they could reverse this tendency.* Sentences in the conditional present are similar in French and English. After **si** the verb is in the imperfect, and in the main clause the verb is in the conditional. For *all* verbs in French the conditional endings (which are the same as the imperfect ones) are added onto the future stem.

2   Un entretien avec une vedette

émission (*f*) **en direct** live broadcast
battre son plein to be in full swing
merci mille fois thank you ever so much
tourner autour du pot to beat around the bush
navet (*m*) second-rate film
intrigue (*f*) plot
tiré par les cheveux far fetched
à l'eau de rose sentimental, 'soppy'
franchise (*f*) frankness
sans relâche continuously
bande (*f*) **son** sound track
tube (*m*)* hit song
monstre* colossal
rester sur sa faim to remain unsatisfied
être dans la fleur de l'âge to be in the prime of life
plaquer* **qn** to ditch s.o.

recommencer à zéro to start from scratch
désemparé at a loss
à la dérive adrift
instituteur(-trice) primary school teacher
auditeur(-trice) listener
rebondissement (*m*) (unexpected) development
trac (*m*) stage-fright, 'butterflies'
répétition (*f*) rehearsal
sur la même longueur d'onde on the same wave-length
succès (*m*) **d'estime** critical success
coupures (*f. pl*) **de presse** press cuttings
sur les ondes on the air
compte (*m*) **rendu** account, write-up
au palmarès on the prize list
s'assagir to grow wiser

« Cinéma-Vérité » est une émission radiophonique très écoutée. Son animateur s'appelle Fabrice Delgarde et ce matin Fabrice fait une émission en direct de Cannes où le Festival International du Cinéma bat son plein.

Fabrice	Et notre invitée suivante de ce matin est l'une des comédiennes les plus connues et, à mon avis, l'une des plus douées de France. Elle est la vedette de « Le Départ » que nous avons vu hier soir au festival. Je parle, bien sûr, de Madeleine Friquet. Merci mille fois, Madeleine, d'être venue dans nos studios cannois à l'heure du petit déjeuner.
Madeleine	Merci pour l'invitation, Fabrice.
Fabrice	Alors, une bonne partie de vos admirateurs seront surpris, sinon déconcertés, par votre dernier rôle.
Madeleine	C'est vrai que ce film marque un tournant dans ma carrière.
Fabrice	Vous pouvez préciser?
Madeleine	Bon, je ne vais pas tourner autour du pot. J'ai l'impression d'avoir fait pas mal de navets ces dernières années, des films à l'eau de rose avec des intrigues tirées par les cheveux. Et maintenant c'est quelque chose de différent.
Fabrice	J'admire votre franchise. Mais il faut dire que vous avez plus de trente films à votre actif et qui font toujours courir les foules. « La Vamp », si je ne me trompe, se joue sans relâche dans certaines salles de province depuis trois ans au moins. Et la bande son est devenue un tube monstre !
Madeleine	Des films pareils m'ont certainement permis de payer mon loyer, je ne peux pas le nier ! Mais, en tant que comédienne, je suis restée sur ma faim. D'ailleurs, imaginez un peu, si je devais faire le même rôle stéréotypé de sex-symbol jusqu'à la fin de mes jours, cela serait complètement ridicule ! Cela fait déjà vingt ans que je fais du cinéma et je ne suis plus dans la fleur de l'âge !
Fabrice	Un peu comme Denise Lamarque, l'héroïne du film « Le Départ ». Vous pouvez nous parler un peu de ce personnage?
Madeleine	Avec plaisir. Il s'agit d'une femme qui est obligée de quitter l'Algérie en soixante et un. Alors, elle débarque à Marseille avec son mari et ses deux filles,

puis son mari la plaque pour aller vivre avec une autre femme. Denise doit tout recommencer à zéro et elle se sent complètement désemparée, vraiment à la dérive . . .

Fabrice   . . . jusqu'au jour où elle rencontre Henri, instituteur de village, et son cadet d'une dizaine d'années.

Madeleine   C'est ça, mais on ne va pas tout raconter aux auditeurs ! Il faut qu'ils voient le film quand même !

Fabrice   Disons, en un mot, qu'il y a beacoup de rebondissements. C'était un rôle facile ?

Madeleine   Au début, plutôt le contraire. J'avais le trac pendant les répétitions, mais finalement tout s'est bien passé. J'ai travaillé avec une merveilleuse équipe et tout le monde était sur la même longueur d'onde.

Fabrice   Vous m'avez dit avant l'émission que vous espérez que «Le Départ» sera un succès d'estime et, justement, on vient de me passer les coupures de presse de ce matin où on parle du film.

Madeleine   Mais vous n'allez pas les lire sur les ondes ?

Fabrice   Mais si, mais si !

Madeleine   Oh là, c'est la première fois que cela m'arrive !

Fabrice   Commençons par le compte rendu dans «Le Figaro». . . alors, je cite : «'Le Départ' doit certainement figurer au palmarès cette année. . . Madeleine Friquet est une comédienne authentique. . .»

Madeleine   C'est très encourageant.

Fabrice   Et dans «Libération», qu'est-ce qu'on dit ? «La bombe sexuelle s'assagit».

Madeleine   C'est bien de «Libé», ça, mais ce n'est pas méchant.

Fabrice   Absolument pas. Vous voyez, Madeleine, vous n'avez rien à craindre des critiques.

Madeleine   On a vraiment dit que j'étais une comédienne authentique ?

Language notes

3.12   notre invitée suivante *our next guest*. **Prochain** cannot be used here as it would imply an absence.

3.13 **une émission radiophonique très écoutée** *a very popular (*lit. *very much listened to) radio broadcast*. It is quite normal to put a past participle directly after **très** or another adverb, when in English an additional word is required. Examples:

> La Corse n'est pas très peuplée *Corsica is not very (heavily) populated.*
>
> Cet appareil est moins utilisé *This device is less (widely) used*
> Vos conseils ont été très appréciés *Your advice was very (much) appreciated*

3.14 **merci de** is used before a verb and **merci de** or **merci pour** before a noun.

3.15 **ces dernières années** *these last few years.*
(*a*) Few is not translated in this expression. Note also **au cours des prochaines semaines** *over the next few weeks.*
(*b*) 'year' is normally translated by **an** if it is preceded or followed by a number, e.g. **mon frère a trois ans, en l'an mille, tous les cinq ans**, (and also **tous les ans**).

   Année is used in most other contexts (but also with figures if these are followed by **dernières** or **prochaines**: **les trois prochaines années** *the next three years.*)

3.16 **quelque chose de différent.** When qualified by an adjective, indefinite pronouns are always followed by **de**, e.g. **personne de très connu, rien d'intéressant.**

3.17 **se joue depuis trois ans** *has been playing for three years*. The present tense must be used with **depuis** if the action expressed has not ceased.

3.18 **Des films pareils** *Such films*: **pareil** can also mean 'the same': **C'est pareil** *It's the same thing.*

3.19 **en tant que comédienne** *as an actress.*

3.20 **si je devais faire le même rôle** *if I were to play the same rôle.*
(*a*) The imperfect of **devoir** (and *not* **être**) translates 'were' + infinitive.
(*b*) **faire** can also mean 'act', 'play': **Elle n'a jamais fait Phèdre.**

3.21 **cela fait déjà vingt ans que je fais du cinéma** *it's now twenty years that I've been in the cinema*. When used to express duration in this way, **faire** implies that something has been the case for a long time: **ça fait vingt minutes qu'on attend le bus.**

32   *Un entretien avec une vedette*

3.22   doit tout recommencer: when **tout** is an object pronoun meaning 'everything', then it is usually placed before an infinitive or past participle: **J'ai déjà tout oublié.**

3.23   jusqu'au jour où *until the day when.*
(*a*) **où** usually translates 'when' after **jour, année, moment, nuit**, etc.
(*b*) **jour** is a point in time; **journée** expresses a length of time, e.g. **Je n'ai rien fait toute la journée d'hier** *I did nothing the whole day yesterday*

3.24   son cadet d'une dizaine d'années *her junior by about ten years.* Note also **ma sœur cadette** *my younger sister.*

3.25   mais si: **si** (and not **oui**) means 'yes' when one's interlocutor expects or wants the answer **non.**

3.26   « Le Figaro » is a conservative daily newspaper and **« Libération »** is a left-wing one, often referred to as **« Libé ».**

3.27   C'est bien de « Libé » *That's typical of « Libération ».*

Questions

Première partie

1   Vous écrivez une histoire du cinéma. Que diriez-vous au sujet des frères Lumière?
Mots clef: caméra, enregistrer, pellicule, projection payante, opérateurs ailleurs dans le monde

2   Et qui diriez-vous au sujet du cinéma français dans les années vingt, trente et quarante?
Mots clef: concurrents américains, films parlants, sonoriser, carrières, s'effondrer, *Sous les toits de Paris*, bande sonore, la guerre et la censure, côté esthétique

3   Quelles sont les caractéristiques du cinéma français d'aujourd'hui?
Mots clef: cinéma d'avant-garde, magnétoscope, concurrencer, jeunes cinéastes, prendre la relève

Seconde partie

1   Que pouvez-vous dire des films où Madeleine Friquet a joué avant son role dans « Le Départ »?
Mots clef: navets, à l'eau de rose, intrigue, tiré par les cheveux, stéréotypés

2 Pourquoi « Le Départ » marque-t-il un tournant dans sa carrière ?

Mots clef : âge, confrontée à, film réaliste

3 Que disent les comptes rendus dans les quotidiens au sujet du film et du jeu de Madeleine Friquet ?

Mots clef : coupures de presses, succès d'estime, figurer au palmarès, bombe sexuelle, comédienne authentique

Exercice

Put the verbs in italics into either the imperfect or the conditional:

1 Si tu *voir* sa lettre, tu *savoir* pourquoi je ne veux plus la revoir.

2 Je lui *envoyer* le colis si je *connaître* son adresse.

3 Beaucoup d'oiseaux *mourir* l'hiver, si on ne leur *donner* pas à manger.

4 Si nous *être* plus nombreux, nous *pouvoir* louer une villa.

5 Si elle *devoir* toujours faire le même rôle, tout le monde *se lasser* de ses films.

6 Vous *vous sentir* beaucoup mieux si vous ne *fumer* pas autant.

7 Si nous *attendre* un peu plus longtemps, nous *voir* passer le cortège.

8 Si vous *lier* les deux parties ensemble, le tout *tenir*.

Chapitre Quatre

1   L'industrie de la mode

fabrication (*f*) **en série** mass production
rayonnement (*m*) influence
richissime extremely rich
mondialement connu world famous
trié sur le volet hand-picked
défilé (*m*) **de mode** fashion show
scruter to examine closely
mannequin (*m*) fashion model
affranchissement (*m*) emancipation
guindé stilted
patron (*m*) (dress) pattern
redevance (*f*) royalty, licence fee
confectionner un vêtement to make a garment
s'habiller en prêt-à-porter to buy clothes off the rack

tailleur (*m*) taylor
couturière (*f*) seamstress
styliste (*m, f*) clothes designer
travailleur(-euse) à plein temps a full-time worker
chaîne (*f*) **de montage** assembly line
découper to cut out
étoffe (*f*) cloth
couturier fashion designer
coudre (*p.p. cousu*) to sew
fermeture (*f*) **éclair** zip
repasser to iron
banque (*f*) **de données** data bank
à l'infini infinitely
reculé remote
technologie de pointe high technology

Colbert, ministre des finances sous Louis Quatorze, dit un jour que « La mode est à la France ce que les mines d'or sont au Pérou. » Au seuil du vingt-et-unième siècle, la mode est toujours pour la France une mine d'or, surtout sous la forme de devises étrangères. La vente des vêtements à l'étranger rapporte plus à la France que les exportations de voitures et dans le domaine du prêt-à-porter, la France est le premier exportateur du monde. Cette importance se reflète dans le fait que l'industrie de la mode emploie à peu près deux cent mille personnes (ou cinq pour cent de la main d'œuvre industrielle), réparties dans environ trois mille entreprises.

La renommée internationale de la mode française tient à la haute couture, secteur qui, lui, n'a qu'un effectif global de cinq mille personnes pour le même nombre de clientes. En effet, très peu de femmes ont aujourd'hui les moyens de s'habiller en haute couture. Le travail que cela exige, lent et méticuleux, avec chaque vêtement réalisé à la main est aux antipodes de la fabrication en série. Le rayonnement des maisons de haute couture ne provient pas, toutefois, de cette poignée de femmes richissimes, mais des célèbres collections qui ont lieu deux fois par an et où le Maître, mondialement connu, présente ses dernières créations devant un public trié sur le volet. Des journalistes de la presse féminine internationale assistent à ces événements mondains que sont les défilés de mode, scrutant l'ensemble que porte chaque mannequin. Ensuite, les gens des média font connaître auprès du grand public des styles qui, à première vue, pourraient paraître très osés, sinon révolutionnaires.

Un exemple de ce mouvement qui va du sommet de la pyramide vers la base vient de chez Courrège. En 1965, André Courrège sortit une robe qui, en s'arrêtant á quelques centimètres au-dessus du genou, rompit avec tout ce qui l'avait précédée. Peu après, tant à Londres qu'à Paris, la mini-jupe voyait le jour pour devenir le symbole de jeunes femmes qui voulaient proclamer leur affranchissement des tabous vestimentaires.

La « révolution » de la mini-jupe secoua le monde un peu guindé de la haute couture, car l'industrie fut contrainte de concevoir des vêtements pour des gens qui n'avaient pas énormément d'argent. Mais, une fois le choc surmonté, ce changement de cible s'est avéré très bénéfique pour la haute couture, et ceci grâce au prêt-à-porter. Les fabricants de ce dernier secteur achètent des patrons au couturier pour les reproduire en série. Ensuite, les entreprises franchisées vendent des vêtements portant l'étiquette de la maison de haute couture à qui elles versent des redevances. Maintenant, des gens qui se faisaient toujours confectionner leurs vêtements n'hésitent pas à s'habiller en prêt-à-porter, évolution qui a entraîné la disparition de milliers de tailleurs et de couturières.

L'industrie du prêt-à-porter ne s'inspire pas toujours de la haute couture. Souvent, on fait appel à un styliste qui travaille soit en freelance soit à plein temps pour une seule entreprise. Le styliste doit essayer de saisir les idées qui sont dans l'air, engendrées par l'environnement politique ou culturel et qui lui feraient choisir un « look » particulier. En même temps, il doit travailler avec le fabricant qui tient à se procurer de nouveaux clients. Tout en tenant compte des impératifs commerciaux, le styliste fait des croquis de plus en plus détaillés pour enfin créer un patron de base, c'est-à-dire un ensemble fait de morceaux de tissu qui servira de prototype à la confection dans les ateliers. Ici, à la chaîne de montage, des ouvrières découpent les morceaux d'étoffe, cousent les boutons et attachent les fermetures éclair avant de repasser et d'emballer chaque vêtement.

Il faut peut-être mettre la dernière phrase au passé car, grâce à l'informatique, beaucoup d'opérations sont maintenant effectuées sans l'intervention directe de l'ouvrier. Du côté de la création aussi, un styliste peut profiter d'un ordinateur et d'une banque de données pour combiner à l'infini des formes et des couleurs. C'est ainsi que l'art de l'habillement, qui remonte aux temps les plus reculés, rejoint les technologies de pointe du troisième millénaire.

Language notes

4.1   vingt-et-unième siècle. The ordinal adjective for numbers ending in **-un** is **unième**, not **premier**.

4.2   devises étrangères *foreign currency*. National currency is **monnaie**; **la monnaie anglaise s'appelle la livre**.

4.3   rapporte plus à la France *brings in more money for France*: **rapporter** can mean 'to yield', 'to net'. An advertising slogan for the French lottery is **ça peut rapporter gros**   *it can be very profitable*.

4.4   premier exportateur *the leading exporter*. Ordinal adjectives are often used by themselves to describe size and importance, e.g. **Chicago est la deuxième ville des Etats-Unis**.

4.5   secteur qui, lui,: the pronoun **lui** stresses **secteur**. This construction is often used to make a contrast, e.g. **Marie a une belle voix, mais Hélène, elle, chante très mal**.

4.6   la presse féminine *women's press*; similarly, **la mode féminine** *women's fashion*, **la main d'œuvre féminine** *the female labour force*, etc.

4.7   assistent à ces événements *attend these events*.
(*a*) **assister à** means to attend any form of gathering but also 'to be a witness to': **j'ai assisté à un horrible accident dans la rue**.
(*b*) In spite of the accute accent on the second **e** of **événement**, it is in fact pronounced **è**.

4.8   scrutant l'ensemble que porte chaque mannequin *scrutinising the ensemble which each model wears*. In a subordinate clause, the subject may be placed after its verb – a very common construction at the end of a sentence and when the subject consists of more than one word.

4.9   auprès du grand public *among the general public*: **auprès de** means 'next to', 'with' and is most often used in the figurative sense:

> Je n'ai aucune influence auprès de la direction *I have no influence with the management*

4.10   sortit une robe *brought out a dress*: **sortir** means both 'to come out' and 'to bring out' for products: **ce livre est sorti le mois dernier.**

4.11   tant à Londres qu'à Paris *in London and Paris alike.*

4.12   la mini-jupe voyait le jour *the miniskirt saw the light of day*. The imperfect may be used for punctual actions in the past if it is considered that these are of major historical importance! e.g. **Tout était prêt, et le 6 juin 1944, les alliés débarquaient en Normandie.**

4.13   Une fois le choc surmonté *Once the shock (had been) overcome*. Note the absence of **être** in this type of subordinate clause, e.g.

> Les devoirs corrigés, le professeur alluma un cigare *The homework (having been) corrected, the teacher lit a cigar*

4.14   et ceci grâce au prêt-à-porter: **ceci** refers back to the ideas in the main clause and by isolating as it were what follows, stresses the importance of **prêt-à-porter**. If the sentence had run … **pour la haute couture grâce au prêt-à-porter**, then it would have sounded less consequential.

4.15   achètent des patrons au couturier *buy patterns from the fashion designer*. 'From' is translated by **à** with verbs that broadly mean 'to take sth. from s.o.' **(prendre qch à qn)**, e.g.

> Quelqu'un a volé une citrouille au commerçant *Somebody stole a pumpkin from the shopkeeper*

Note also **cacher à**:

> Je ne veux pas cacher la vérité à mes parents *I don't want to hide the truth from my parents*

4.16   verser means 'pay' in certain expressions, e.g.

> verser un chèque sur un compte *to pay a check into an account*
> verser des arrhes *to pay a deposit*

4.17 se faisaient confectionner leurs vêtements *had clothes made for themselves*: **se faire faire qch** means 'get sth. done for oneself', e.g.

> Ils veulent se faire construire une résidence secondaire à la montagne *They want to have a holiday home built (for themselves) in the mountains*

4.18 une seule entreprise *just one company*. Note that the definite article comes before **seul**.

4.19 qui lui feraient choisir un « look » particulier *which would make him choose a particular look*. The indirect object pronoun **lui** is needed here (*see* 2.4)

4.20 Tout en tenant compte *While bearing in mind*: **tout en** expresses a notion of simultaneity, often with actions that might appear contradictory, e.g.

> Je ne peux pas m'occuper des enfants tout en préparant le dîner *I can't see to the children and cook dinner at the same time*

4.21 la dernière phrase au passé *the last sentence in the past*. When talking about verbal tenses **au** means 'in, into the': **mettez ces verbes au conditionnel**.

4.22 toutes dernières méthodes *very latest methods*.

2   Au rayon d'habillement d'un grand magasin

rayon (*m*) **habillement** clothes department	**manque** (*m*) **à gagner** loss in earnings
haut-parleur (*m*) loudspeaker	**faire le forcing*** to lay it on hard
prix (*m*) **massacré** knockdown price	**cravate** (*f*) tie
insensé ridiculous	**mouchoir** (*m*) handkerchief
maillot (*m*) **(de bains)** bathing costume	**dédouaner** to clear (customs)
à motifs patterned	**soie** (*f*) silk
bordeaux maroon	**rétrécir au lavage** to shrink in the wash
caisse (*f*) cash desk	**être soldé** to be sold in the sales
costume (*m*) suit	**froissé** crumpled
imperméable (*m*) raincoat	**essayer un vêtement** to try on an article of clothing

à l'appareil speaking (on telephone)	**salon** (*m*) **d'essayage** fitting room
fringues* (*f.pl.*) clothes	**raccourcir** to shorten
en rupture de stock out of stock	**sans supplément** at no extra cost
liquider to clear (stock)	**on vous demande au téléphone** you are wanted on the phone
grande surface (*f*) large store, supermarket	**vivement les vacances!** roll on the holidays!

Voix de femme sur le haut-parleur : Tout le monde se précipite... Prix massacrés... des réductions insensées sur toutes la gamme des vêtements d'été pour Monsieur... je vous signale que l'offre est bonne pendant une demi-heure seulement. Dépêchez-vous!

Cliente	Alors, après ton régime, tu as dû perdre au moins cinq kilos, donc ça ferait une taille au-dessous de tes autre maillots.
Client	D'accord, hmm, j'aimerais une couleur unie plutôt qu'un truc à motifs. Le bordeaux, il est beau, non?
Cliente	Oui c'est une couleur qui te va.
Client	Monsieur, s'il vous plaît!
Vendeur	Vous avez fait votre choix, monsieur?
Client	Oui, je vais prendre celui-ci.
Vendeur	Voulez-vous le régler là-bas à la caisse s'il vous plaît.
Client	Mais d'abord j'aimerais voir ce que vous avez comme costume. Est-ce que je peux grouper mes achats?
Vendeur	Bien sûr, si vous restez au même niveau. Alors les costumes sont la-bas, juste à côté des imperméables.

(Le téléphone sonne : le vendeur décroche)

	Allo! Costa à l'appareil.
Chef de rayon	Ah M. Costa, c'est M. Michel. Dites, est-ce que vous arrivez à vous débarrasser de toutes ces fringues d'été?
Vendeur	On n'est pas encore en rupture de stock. Loin de là.
Chef de rayon	Bon. Ecoutez, Crozet, il vient de me passer un coup de fil et il ne veut pas qu'on baisse les prix de plus de quinze pour cent. J'ai essayé de lui faire comprendre que nous devons liquider le stock d'ici un mois, mais il ne voulait rien entendre. C'est ça le problème dans les grandes surfaces! Il risque d'y avoir un manque à gagner assez important, mais

	moi, je n'y peux rien! Ce n'est pas moi qui suis responsable du temps pourri et si les gens n'achètent pas...
Vendeur	C'est pas nous qui faisons la pluie et le beau temps!
Chef de rayon	En effet, mais faites le forcing auprès des clients, voulez-vous? Il faut leur dire qu'il paient très peu cher les marchandises. Il y a autre chose. Les cravates et les mouchoirs du Portugal n'ont pas encore été dédouanés parce que ce n'est pas marqué 'soie' en français sur l'étiquette. J'aimerais en parler avec Chantal. Elle est là?
Vendeur	Non elle n'est pas là, elle est sortie déjeuner.
Chef de rayon	Tant pis, je vais essayer de la joindre plus tard. Au revoir.
Vendeur	Oh là! je commence à en avoir marre!
Client	Vous pouvez venir par ici, s'il vous plaît.
Vendeur	J'arrive.
Client	Dites-moi, est-ce que ce costume risque de rétrécir au lavage, c'est du coton, n'est-ce pas?
Vendeur	Non, il n'y a aucun risque que cela arrive monsieur, et c'est soldé.
Client	Hmm, il est beau, mais il est tout froissé.
Cliente	Mais je te l'ai déjà dit, c'est ça la mode. Je me rappelle, tu portais le même costume depuis trois ans quand je t'ai enfin persuadé d'en acheter un autre l'année dernière.
Client	D'accord, mais je veux l'essayer d'abord.
Vendeur	Il y a un salon d'essayage là-bas au coin. Si le pantalon est trop long on peut le raccourcir sans supplément.
Client	Très bien. Attends là que je l'essaie.

(Le téléphone sonne de nouveau)

Voix de femme	On te demande au téléphone, Henri.
Vendeur	J'arrive, j'arrive. Vivement les vacances.

Language notes

4.23   Tout le monde se précipite! *Everybody hurry along!* **Personne** and **tout le monde** have a third person singular imperative: **personne ne part!**

4.24 **pendant une demi-heure** *for half an hour.* When **pendant** means 'for' it expresses a length of time during which something is the case (e.g. **Je suis resté chez eux pendant deux semaines**), but it may be omitted (**Je suis resté chez eux deux semaines**). **Pendant** can also be used to express distances: **pendant trois kilomètres** *for three kilometres.*

4.25 **tu as dû perdre** *you must have lost.* The past of **devoir** can express a notion of certainty. It is also possible to use the imperfect with the same meaning e.g.

«Son ′grand-père pesait cent vingt kilos»
«Il devait être énorme!»

4.26 **ça ferait donc une taille au-dessous** *that would mean then one size below*: **faire** can signify 'mean' when a consequence is expressed, e.g.

J'ai raté le train, ce qui a fait que je suis arrivé en retard *I missed the train which meant that I arrived late*

4.27 **ce que vous avez comme costume** *what you have in the way of suits.*

4.28 **Crozet, il* vient de me passer un coup de fil** *Crozet has just given me a ring.* This subject + third person pronoun construction is very common in spoken French, but is considered to be incorrect. One should say «**Crozet vient de...**»

4.29 **baisse les prix de plus de quinze pour cent** *lower the prices by more than fifteen percent.* 'By' is translated by **de** after verbs that express an increase or decrease, e.g. **Les prix ont augmenté/diminué de dix pour cent.**

4.30 **d'ici un mois** *within a month.* Note also:

Il faut le faire d'ici le trente *It's got to be done by the thirtieth.*

4.31 **il ne voulait rien entendre** *he wouldn't listen.*

4.32 **Il risque d'y avoir** *There might well be*: **risquer** is often used to express an unwelcome eventuality, e.g. **Regarde les nuages — il risque de pleuvoir**!

4.33 **ce n'est pas moi qui suis responsable du temps pourri** *It's not I who am responsible for the rotten weather.* Similarly, *c'est vous qui avez tort, c'est nous qui l'avons fait.*

4.34 **Ce n'est pas nous qui faisons la pluie et le beau temps!** *We don't carry much weight!*

4.35   ils paient très peu cher les marchandises *they pay very little for the goods*: **cher** is often used as an adverb with **coûter, payer, valoir**, etc. Examples:

> Nous risquons de payer cher notre erreur *We might pay a lot for our mistake*
>
> La croisière m'a coûté très cher *The cruise cost me a lot*

4.36   elle n'est pas là *she's not here*: **là** (rather than **ici**) is used when people are referred to. **C'est ici** means 'it's here'. 'There', when what is referred to is a considerable distance away, can be translated by **là-bas: Pierre est au Canada—il est toujours là-bas.**

4.37   c'est du coton *it's cotton*. Note the use of **de** + article: **c'est de la soie, c'est de l'or**, etc. In the negative form, **de** by itself is not used: **ce n'est pas du coton. En** may also be used for naming a material, especially when the latter is qualified by an adjective: **c'est en or massif** *it's in solid gold*.

4.38   tu portais le même costume depuis trois ans quand je t'ai persuadé *you had been wearing the same suit for three years when I persuaded you.*
(*a*) The imperfect is used to express regular or continuous states in the past which are interrupted by another action (*see* 1.7); without the mention of this second action, the sentence would run:

> tu as porté le même costume pendant trois ans *you wore the same suit for three years*

(*b*) **depuis** translates 'for' or 'since' when the meaning is 'starting from one point in time up to another point'.

4.39   le pantalon *the pair of trousers*. Note that **pantalon** is in the singular (**mes pantalons** means 'my *pairs* of trousers'). Similarly one says, **un short, un bermuda, un blue jean**, etc.

4.40   Attends là que je l'essaie *Wait here while I try it on.*

Questions

Première partie

1   Pourquoi l'industrie de la mode est-elle si importante pour la France?
Mots clef: dévises, main d'œuvre, exportations, rapporter

2   Quels changements les maisons de haute couture ont-elles connus?

Mots clef: richissime, à la main, mini-jupe, prêt-à-porter, redevances, fabrication en série

3 Faites la description du travail d'un styliste.
Mots clef: croquis, patron, impératifs commerciaux, chaîne de montage, l'informatique

Seconde partie

1 Faites la description du maillot et du costume qu'achète le client.
Mots clef: taille, couleur unie, à motifs, rétrécir, froissé, raccourcir

2 Que veut M. Crozet? Quelle est la réaction du chef de rayon?
Mots clef: baisser les prix, liquider le stock, grandes surfaces, manque à gagner.

3 Pourqui le chef de rayon veut-il parler avec Chantal?
Mots clef: cravate, mouchoir, dédouaner, soie, étiquette

Exercice

Put the verbs in italics into either the imperfect or the *passé composé*:

1 Je *cueillir* des fruits dans le jardin quand je *voir* l'avion tomber du ciel.
2 Paul *vivre* pendant trois ans en Chine mais il *devoir* quitter le pays quand la guerre *éclater*.
3 Nous *reconnaître* le voleur parce qu'il *avoir* une cicatrice au menton.
4 Avant, il y *avoir* beaucoup de tailleurs en province, mais ils presque tous *disparaître*.
5 Parmi les invités qui *venir*, *se trouver* un ou deux ambassadeurs.
6 Je *vivre* à Paris quand ma grand-mère *mourir* il y a deux ans.
7 Il *faire* tellement beau que nous *nous décider* à rester.
8 Je *prêter* mon magnétophone à Claude il y trois semaines parce qu'elle *vouloir* enregistrer quelques chansons.

Chapitre Cinq

1 La première croisade

toucher à sa fin to draw to a close
lointain distant
Guillaume le Conquérant William the Conqueror
présider to preside over
enjeux (*m. pl.*) stakes
papauté (*f*) papacy
confronté à confronted with
résolu resolved
brebis égarée stray sheep
tenir tête à to hold firm against
renforcer to strengthen
remettre qn sur le droit chemin to put s.o. back on the right path
faire interdiction à qn de faire qch to ban s.o. from doing sth.
assises (*f. pl.*) meeting, assembly
comble d'audace the ultimate in audacity
excommunier to excommunicate
pour cause de on the grounds of
adultère (*m*) adultery
clôture (*f*) closing
concile (*m*) council, synod
prononcer un discours to make a speech
bigarré motley
longuement at length
chrétienté (*f*) christendom
peser to weigh, hang over
zélé zealot, zealous
la Terre Sainte the Holy Land
en hâte in haste

païen(-nne) pagan, heathen
chef (*m*) de file leader
prédicateur (*m*) preacher
bourg (*m*) (market) town
rameuter to gather together, to round up
manant villein, yokel
rassembler to gather together
guerrrier(-ière) warrior
bœuf (*m*) ox
charrette (*f*) cart
vivre de to live on
à défaut failing that
se livrer à to engage in
les tenants et aboutissants the ins and outs
croisé (*m*) crusader
témoin (*m*) oculaire eye witness
brosser un tableau to paint a picture
affluer to crowd
vivres (*m. pl.*) provisions
fourmiller de to swarm with
voie (*f*) path, way
flotte (*f*) fleet
s'emparer de to seize hold of
assiéger to besiege
le gros the main body
tendre une embuscade à qn to ambush s.o.
s'ensuivre to ensue
renforts (*m. pl.*) reinforcements
escompter to reckon on
sur les lieux on the scene

tuerie (*f*) slaughter	**sol** (*m*) **natal** native soil
chasser to chase, hunt	**témoignage** (*m*) account, report
secours (*m*) help, assistance	**tas** (*m*) heap
opportun timely	**colline** (*f*) hill
adorateur(-trice) worshipper	**superficie** (*f*) area
hésitant(-e) waverer	**amoncellement** (*m*) heap
péché (*m*) sin	**ossements** (*m. pl.*) bones
se répandre comme une traînée de	**survivant(-e)** survivor
poudre to spread like wildfire	**exaucer une prière** to answer a
inespéré unhoped for	prayer
impressionnant impressive	**alimenter** to feed, fuel

Quand le onzième siècle touchait à sa fin, la ville française de Clermont fut envahie par des milliers d'hommes venus des quatre coins d'Europe. Beaucoup d'entre eux étaient membres du clergé, mais il y avait également des aristocrates comme Eudes de Conteville de la lointaine Angleterre, demi-frère de Guillaume le Conquérant.

Ils attendaient l'arrivée du Pape français, Urbain Deux, qui devait présider un concile dont les enjeux seraient cruciaux pour la papauté, car l'Eglise se trouvait confrontée aux monarques puissants. Ceux-ci lui en voulaient pour son indépendance et tenaient à lui imposer leur volonté. Urbain était résolu à tenir tête au pouvoir temporel et à renforcer l'unité et l'autorité morale de l'Eglise. Pour remettre quelques brebis égarées sur le droit chemin, interdiction fut faite pendant les assises aux membres du clergé de vendre les sacrements ou de fréquenter les tavernes. Pour bien marquer la distinction entre L'Eglise et l'Etat, Urbain réaffirma le droit qu'avait tout homme, même un criminel, de trouver refuge dans une église ou un monastère, mais, comble d'audace vis-à-vis du monarque, Urbain est allé jusqu'à excommunier Philippe de France, pour cause d'adultère.

Lors de la cérémonie de clôture du concile, Urbain prononça devant une immense foule bigarrée un discours où il parlait longuement de la menace que faisait peser sur la Chrétienté les zélés de l'Islam, maîtres de la Terre Sainte. Il incita les foules à prendre la croix : « Il est urgent », insista-t-il « d'apporter à vos frères d'Orient l'aide si souvent promise et d'une nécessité si pressante. Les païens les ont attaqués et c'est pourquoi je vous prie, les pauvres comme les riches, de chasser cet ennemi des régions habitées par vos frères et d'apporter un secours opportun aux adorateurs du Christ. » Pour encourager les hésitants, Urbain leur promit (et pour la première fois dans l'histoire de l'Eglise) une «indulgence», le pardon de tous leurs péchés!

L'appel d'Urbain se répandit comme une traînée de poudre à travers l'Europe et fut accueilli avec un enthousiasme inespéré. Non seulement des chevaliers l'entendirent mais aussi un nombre impressionnant de «petites gens». L'incontestable chef de file des «humbles» fut le prédicateur Pierre l'Ermite qui avait déjà fait le pèlerinage de Jérusalem. Monté sur son âne, il allait de bourg en bourg rameuter les «manants» et, au bout de quelques mois, Pierre avait rassemblé une vingtaine de milliers de paysans qu'il transforma en guerriers du Christ. Les croisés se mirent en route pour l'Orient avec leurs bœufs et leurs charrettes, ils dormaient à même le sol et vivaient de l'hospitalité des habitants des pays qu'ils traversaient, ou, à défaut, ... se livraient à des pillages!

Sans entrer dans les tenants et aboutissants de leurs aventures, on peut résumer en disant que Pierre parvint à conduire les croisés jusqu'à Byzance. Un témoin oculaire, Anne Comnène, fille de l'Empereur de Byzance, a brossé un tableau coloré de l'arrivée des croisés dans sa ville. «Ces gens enflammés comme d'un feu sacré affluaient par bandes autour de Pierre avec leurs chevaux, leurs armes et leurs vivres. Toutes les rues fourmillaient d'hommes dont les visage portait l'expression de la bonne humeur et de l'ardeur à suivre la voie du ciel. Leur nombre dépassait celui des grains de sable au bord de la mer et des étoiles au ciel».

Le cinq août mil quatre-vingt-seize la flotte impériale fait passer les croisés de l'autre côté du Bosphore. Un mois plus tard, en terre ennemie, quelques-uns d'entre eux s'emparent d'un château mais les Turcs commencent aussitôt à les assiéger et ils sont obligés de capituler. Pierre l'Ermite retourne à Byzance demander de l'assistance et pendant son absence le gros des croisés se remet en route. Le vingt et un octobre les Turcs leur tendent une embuscade et un horrible massacre s'ensuit. Si les renforts escomptés étaient arrivés à temps, peut-être que le contraire se serait produit, mais ce carnage marque la fin tragique de la croisade. C'est encore Anne Comnène qui, se rendant sur les lieux de la tuerie quelques années plus tard, nous a laissé un témoignage émouvant du désastre. «Je ne dis pas un immense tas, ni même une colline; mais comme une haute montagne d'une superficie considérable, tant était grand l'amoncellement des ossements.» Seule une poignée de survivants aurait assisté à la prise de Jérusalem en mil quatre-vingt-dix-neuf quand les prières d'Urbain furent enfin exaucées, mais les aventures des

« petites gens » et de leur chef spirituel devaient presque aussitôt être immortalisées dans des récits épiques et alimenter ainsi le folklore des siècles suivants.

Language notes

5.1 **le onzième siècle**. There is no elision of the definite article before **onze** and **onzième**.

5.2 **Beaucoup d'entre eux** *Many of them*. Words expressing quantity are normally followed by **d'entre** before personal pronouns, e.g. **trois d'entre nous sont restés, aucune d'entre elles n'est mariée**.

5.3 **lui en voulaient pour son indépendance**: **en vouloir à qn** means 'to resent, bear a grudge against s.o. The expression is normally followed by **de** before a verb and can be used in the reflexive form:

> Je m'en veux de le lui avoir dit *I'm angry with myself for telling him so*

5.4 **vis-à-vis du monarque**. Note that **vis-à-vis** is followed by **de**.

5.5 **discours où**: **où** can mean 'in which', as here.

5.6 **d'une nécessité si pressante** of such urgent necessity. This construction with indefinite article, noun and adjective is very frequent in French and often translates an adverb + adjective in English, e.g.

> Votre sœur est d'une bêtise incroyable! *Your sister is incredibly stupid!*
>
> Ce livre est d'une clarté remarquable *This book is remarkably clear*

5.7 **habité** *inhabited*; **inhabité** *uninhabited*

5.8 **Non seulement ... l'entendirent**. There is no inversion after **non seulement**; similarly, **jamais je n'y retournerai**.

5.9 **avait déjà fait le pèlerinage** *had already gone on a pilgrimage*. **Faire** is found in many expressions to do with travel and movement, and can often be translated by 'to go on', e.g. **faire une croisière** *to go on a cruise*, **faire une visite guidée** *to go on a guided tour*, **faire un voyage** *to go on a trip*.

5.10 **Monté sur son âne** *Riding his donkey*; **Savez-vous monter à cheval?** *Do you know how to ride a horse?*

5.11　à même le sol *on the bare ground*: **à même** expresses an idea of physical contact, most often when it is a question of something disagreeable or surprising:

> Je supporte mal la laine à même la peau *I can't stand wool next to my skin*
> Le faucon a construit son nid à même la paroi *The falcon built its nest right up against the rock face*

5.12　par bandes *in bands*; similarly, **par groupes** *in groups*, **par ordre alphabétique** *in alphabetical order*.

5.13　fait passer les croisés *takes the crusaders across*. The present tense may be used in narrative to highlight dramatic events.

5.14　Si les renforts … étaient arrivés … le contraire se serait produit *if reinforcements had arrived the opposite would have come about*. This is a conditional sentence in the past. The condition itself is in the *plus-que-parfait* (imperfect of **avoir** or **être** + past participle); the verb that expresses what would have happened is in the past conditional (composed of the present conditional of **avoir** or **être** + past participle).

5.15　tant était grand l'amoncellement *so great was the mound*: **tant** is often placed before a verb in this type of subordinate clause, e.g.

> On a décidé de partir, tant on s'ennuyait *We decided to leave as we were getting so bored*

5.16　aurait assisté à la prise de Jérusalem *were reported to be present at the capture of Jerusalem*. Both the present and the past conditional can be used to express suppositions. Examples:

> Il y aurait une centaine de morts *About a hundred people are reported to have died*
> Le Président aurait été sur le point de démissionner *The President was said to be about to resign*

2　Une visite guidée de Notre-Dame

dalle (*f*) slab	**aller au paradis** to go to heaven
pavé (*m*) paving-stone	**descendre en enfer** to go to hell
arc-boutant (*m*) flying buttress	**diablesse** (*f*) she-devil

flèche (*f*) arrow, steeple
se dresser to rear up
ce n'est pas un hasard si it is no
accident that
laisser qch au hasard to leave sth.
to chance
vitrail (*m*) (*pl*. vitraux) stained-
glass window
ici-bas here below
ténèbres (*f. pl.*) darkness
portail (*m*) portal
pécheur(-eresse) sinner

soi-disant so-called
gravure (*f*) engraving
graver to engrave
usé par le temps weather-worn
déchiffrer to make out, decipher
bouclier (*m*) shield
lapin (*m*) rabbit
lâcheté (*f*) cowardice
office (*m*) (church) service
faire revivre qch to bring sth. to
life

Suzanne est étudiante en histoire à l'Université de Paris. L'été, elle travaille à Notre-Dame où elle sert de guide aux touristes francophones. Elle est maintenant en train de faire visiter la Cathédrale à un groupe de touristes. Ils font d'abord le tour de l'extérieur, en passant par les jardins du côté de la Seine. Ils sont maintenant sur le parvis devant la Façade occidentale.

Suzanne   Nous revoilà, sur le parvis, et qui mérite quelques remarques. Il a l'air tout neuf, et en fait il a été réaménagé il y a une quinzaine d'années. Là-bas, où les dalles sont plus claires, se trouvait, jusqu'au milieu du dix-neuvième siècle, l'ancien Hôtel-Dieu, et ici, cette bande de pavés marque la rue qui menait autrefois à l'entrée de la Cathédrale.

1ᵉʳ Tourist   Pourquoi est-ce qu'on a détruit l'Hôtel Dieu, et qu'est-ce qu'on a fait des malades?

Suzanne   Vous n'avez qu'à regarder à votre gauche, monsieur. Voilà le nouvel Hôtel-Dieu! Si on ne l'avait pas reconstruit, il y aurait eu un gros scandale! Mais si vous voulez en savoir plus sur l'histoire de l'Ile de la Cité, je vous conseille de descendre à la crypte où il y a des maquettes qui montrent exactement comment c'était.

Touristes   J'aimerais bien.
C'est une bonne idée.

Suzanne   Parlons un peu de la façade. Est-ce qu'elle vous fait penser à quelque chose?

1ᵉʳ Tourist   On dirait une forteresse en quelque sorte, avec ses deux tours.

Suzanne	Exactement. La façade n'a rien à voir avec la légèreté du chevet avec ses arc-boutants et sa flèche. C'est qu'ici, la cathédrale se trouve face au soleil couchant, autrement dit, à la nuit qui avance. La cathédrale se dresse, trés puissante et vigilante, contre les ténèbres.
2ᵉ Touriste	Ce n'est pas un hasard si c'est comme ça, alors ?
Suzanne	Absolument pas. Rien n'a été laissé au hasard. Par exemple, imaginez qu'on supprime les deux tours, la façade aura alors la forme d'un carré. Or, le carré était censé rappeler aux gens les quatre points cardinaux et les quatre saisons, c'est-à-dire le monde d'ici-bas avec toutes ses imperfections. Alors, quel est le contraire d'un carré ?
Fille	Un cercle. En voilà un là-haut !
Suzanne	C'est juste, c'est la rosace. Or, le cercle qui n'a ni début ni fin symbolise la perfection. Mettre un cercle au milieu d'un carré est donc très significatif. En plus, les vitraux laissent pénétrer la lumière qui remporte, de ce fait, une victoire sur les ténèbres.
2ᵉ Touriste	Mais tout cela devait être trop difficile à saisir pour des gens ordinaires ! Cela m'aurait dépassé, moi !
Suzanne	Justement, pour rendre toutes ces abstractions plus concrètes, nous avons les images en pierre des portails. On va les voir tout de suite.

(Ils vont vers les portails)

Suzanne	Voici le Portail du Jugement Dernier. Toutes les sculptures ne sont pas originales, mais les images ici le sont. On voit, à gauche, les gens qui vont au paradis et à droite les pécheurs qui descendent en enfer. Il y a des images qui sont franchement indécentes. Vous voyez cette diablesse assise là-bas ! Eh bien, elle est en train d'uriner sur la tête d'un évêque !
1ᵉʳ Tourist	Qui l'aurait cru !
Suzanne	Comme quoi, même les soi-disant hommes purs n'allaient pas forcément au paradis ! Mais passons à autre chose ! Ici il y a des gravures qui représentent les vices et les vertus, très usées par le temps, mais on arrrive à les déchiffrer, quand même. Voici un guerrier avec, gravé sur son bouclier, un lion qui symbolise le courage et en-dessous vous voyez un homme qui est parti à la chasse, mais qui prend la fuite quand il est poursuivi par un lapin !

2ᵉ Touriste	Ce qui représente le contraire, la lâcheté. C'est amusant, ils avaient le sens de l'humour, quand même, à l'époque!
Suzanne	Bien sûr. Alors il faut se dépêcher un peu. Entrons maintenant à l'intérieur avant l'office de quinze heures.
1ᵉʳ Tourist	Ces visites, ça fait revivre toutes ces vieilles pierres, non?
2ᵉ Touriste	Ah oui! c'est passionnant, vraiment!

Language notes

5.17   **étudiante en histoire** *a history student*. Similarly, **un étudiant en droit** *a law student*, **un étudiant en médecine** *a medical student*.

5.18   **L'été, elle travaille** *In summer she works*. The definite article + name of period of time may be used to express repetitive actions, e.g. **L'hiver, je vais toujours aux Bahamas**; **Le dimanche je vais à la messe**; **L'après-midi elle fait une sieste**.

5.19   **font le tour de l'extérieur** *go round the outside* . Do not confuse **un tour** with **une tour** (= *a tower*)

5.20   **la Seine** The river that flows through Paris is *not* pronounced 'sayne' but 'scène'.

5.21   **Un parvis** is strictly speaking the square in front of a cathedral, but the word now designates other open spaces, e.g. the esplanade outside the Pompidou Centre.

5.22   **Il a l'air tout neuf** *It looks quite new*: **neuf** refers to objects that look as if they have not been used very much; **nouveau**, when put before a noun, refers to objects or people that have been replaced, or to new objects in the same series. If I say '**J'ai une voiture neuve**', it means that my car has just come off the assembly line. If I say '**J'ai une nouvelle voiture**,' it means that I have replaced my old car.

5.23   **qu'est-ce qu'on a fait des malades?** what did they do with the sick? Note the use of **de** after **faire** in this expression.

5.24   **Vous n'avez qu'à regarder à votre gauche** *You've only got to look to your left*: **avoir à** often means 'have to' in the sense of 'all you have to do is'.

5.25 **nouvel Hôtel-Dieu** *new* Hôtel-Dieu (*general hospital*).
(*a*) **nouveau** becomes **nouvel** before a singular, masculine noun beginning with a vowel or a non-aspirate **h** ; similarly, **un bel homme, un vieil appartement**.
(*b*) **hôtel** can refer to several kinds of edifice: **hôtel particulier** *private town house*; **hôtel de ville** *town hall*; **hôtel des ventes** *auction house*.

5.26 **il y aurait eu un gros scandale** *there would have been a big scandal*. Either **gros** or **grand** may be used before abstract nouns, e.g. **Il n'y a pas une grosse/grande différence entre eux.** Both adjectives can also mean 'leading, important' (**un gros/grand producteur**). Otherwise, for people, **gros** means 'fat' and for objects 'large', 'round' (**une grosse pomme** *a big apple*). **Grand** for objects means 'tall', 'great' or 'spacious' (**un grand immeuble, un grand film, une grande pièce**), but **un grand homme** *a great man* and **un homme grand** *a tall man*.

5.27 **descendre à la crypte** *go down into the crypt*: **à** followed by the name of a room, etc. implies that someone or something is there only temporarily, whereas **dans** implies a state of permanence, e.g. **Maman est à la cuisine; Il y a deux réfrigérateurs dans la cuisine**.

5.28 **On dirait une forteresse** *It looks like a fortress*. The conditional of **dire** can mean 'look', 'feel', 'smell', 'taste', 'sound like', e.g.

On dirait du vison *It feels like mink*
On aurait dit du champagne *It tasted like champagne*

5.29 **La façade n'a rien à voir avec la légèreté du chevet** *The façade has nothing in common with the lightness of the chevet*: **cela n'a rien à voir** *it's got nothing to do with it*; **qu'est-ce que cela a à voir**? *what's that got to do with it?*

5.30 **En voilà un là-haut** *There's one up there*: **en** and personal pronouns precede **voici** and **voilà** as the latter are considered to be verbs, e.g. **les voici, la voilà**.

5.31 **qui n'a ni début ni fin** *which has neither beginning nor end*: **ne** must be placed before a verb with **ni**, e.g. **Je ne bois ni ne fume** *I neither drink nor smoke*

5.32 **difficile à saisir** *difficult to grasp*; **Je ne vous saisis pas** *I don't get your meaning*.

5.33 **dépasser** means 'go beyond', 'overtake' and is frequently used to describe what is beyond one's comprehension: **La physique nucléaire me dépasse.**

5.34 pour rendre toutes ces abstractions plus concrètes *to make all these abstractions more concrete.* 'Make' is usually translated by **rendre** when the meaning is, precisely, 'to render': **Vous m'avez rendu heureux**.

5.35 cette diablesse assise là-bas *that she-devil sitting down over there.* A past participle is normally used in French to describe corporal positions, when in English we would use a present participle: **accroupi** *crouching down*, **penché** *leaning*, **allongé** *lying down*. One notable exception is **debout** (*standing up*).

Questions

Première partie

1 Pourquoi le concile de Clermont fut-il si important pour l'Eglise?
Mots clef: enjeux, papauté, monarque, en vouloir, tenir tête à, renforcer, excommunier

2 Faites le résumé du discours d'Urbain lors de la cérémonie de clôture. Quels en furent les effets?
Mots clef: menace, faire peser, la Chrétienté, païen, secours, adorateur, indulgence, se répandre, Pierre l'Ermite, rameuter, « petites gens »

3 Qu'arriva-t-il aux croisés après qu'ils eurent traversé le Bosphore?
Mots clef: s'emparer, assiéger, capituler, embuscade, tuerie, survivants

Seconde partie

1 Que font et qu'apprennent les touristes avant que Suzanne ne leur parle de la façade de Notre-Dame?
Mots clef: faire le tour, passer par, parvis, Hôtel-Dieu, dalles, pavés, crypte

2 Expliquez le symbolisme de la façade de Nôtre-Dame.
Mots clef: se dresser, ténèbres, carré, cercle, rosace, lumière

3 Qu'est-ce qui rend ce symbolisme moins abstrait?
Mots clef: portail, gravures, déchiffrer, diablesse, guerrier, lion, lapin

Exercice

Put the verbs in italics into the past, e.g.

Je *déménagerais* si mon propriétaire *augmentait* le loyer
J'*aurais déménagé* si mon propriétaire *avait augmenté* le loyer

1 Nous *nous ferions* construire une résidence secondaire si les impôts *étaient* moins élevés
2 La municipalité *devrait* embaucher plus d'éboueurs.
3 Le Président *serait* très content des résultats du sondage.
4 Vous *paieriez* votre voiture beaucoup moins cher si vous ne l'*achetiez* pas à credit.
5 Nous *viendrions* si nous *étions* invités.
6 Si je *pouvais* aller à la Comédie Française j'*irais*!
7 Si nous *restions* un peu plus longtemps, nous *verrions* l'archevêque.
8 Même si tu le *faisais* pour mardi, ce *serait* trop tard.

Part II

Chapitre Six

1   Un gîte en Bretagne

---

dormir à la belle étoile *to sleep out of doors*
pleuvoir à torrents *to pour with rain*
ménager (adj.). *household*
dépendance (f) *outbuilding*
ardoise (f) *slate*
muret (m) en pierre sèche *dry-stone wall*
coquet *charming*
annuaire (m) *directory*
caniche (m) *poodle*
en bordure de *on the edge of*
attenant à *adjoining*
jardin (m) clos *enclosed garden*
bac (m) à sable *sand box*
balançoire (f) *swing*
corde (f) à linge *washing-line*

pince (f) à linge *clothes peg*
lit (m) à deux personnes *double bed*
traversin (m) *bolster*
couverture (f) *blanket*
commode (f) *chest-of-drawers*
penderie (f) *wardrobe*
cintre (m) *coat-hanger*
linge (m) *laundry*
coin (m) repas *dining nook*
fauteuil (m) *armchair*
canapé (m) *sofa*
bouilloire (f) *kettle*
théière (f) *teapot*
saladier (m) *salad bowl*
chope (f) anglaise *china mug*
baignoire (f) *bath*

Pour de nombreuses personnes, la location d'un gîte se présente comme une formule de vacances parfaite. On évite les inconvénients qu'un séjour à l'hôtel pourrait comporter, comme des horaires fixes pour les repas (après tout, on n'a pas forcément très faim à l'heure du déjeuner), ou même l'obligation de fréquenter des gens qui vous ennuient! A l'autre extrême, on se met également à l'abri des aléas de vacances passées en plein air. Faire du camping ou dormir à la belle étoile perdent de leur charme quand il se met à pleuvoir à torrents!

A condition de répartir les tâches ménagères à plusieurs, on peut donc passer des vacances très reposantes dans un gîte, tout en étant complètement autonome.

En raison de leur âge, beaucoup de gîtes sont typiques du style architectural du pays. C'est bien le cas du gîte que Mme Le Flahec a fait aménager dans une dépendance de sa ferme dans le Morbihan, en Bretagne. Avec son toit en ardoise et son jardin fleuri entouré d'un muret en pierre sèche, il a l'air très coquet. Le gîte de Mme Le Flahec est très demandé : il est donc conseillé de le réserver longtemps à l'avance, surtout pendant les mois d'affluence.

Vers le début de mai, Mme Le Flahec reçoit la lettre suivante d'une dame de Strasbourg :

> *Madame,*
>
> *Je viens de voir dans l'annuaire des Gîtes de France pour le Morbihan que vous avez un gîte à louer près de Pluvigner. J'aimerais savoir s'il serait disponible les deux premières semaines de septembre (c'est-à-dire jusqu'au samedi douze), pour moi-même, mon mari et notre fille de quatorze ans. S'il nous est possible de prendre le gîte à cette époque-là, je vous demande d'avoir l'amabilité de me fournir des renseignements supplémentaires. D'après les indications données, votre gîte est à vingt minutes de route de la mer. J'aimerais savoir s'il s'agit d'un endroit où on pourrait se baigner : sinon, je vous prie de m'indiquer à quelle distance se trouve la plage la plus proche. Pourriez-vous me dire aussi s'il y a un garage pour la voiture ?*
>
> *Enfin, est-ce que vous acceptez les animaux familiers ? Nous avons un caniche qui est très discipliné et propre et nous ne voudrions pas nous séparer de lui.*
>
> *En vous remerciant à l'avance de votre réponse, je vous prie, Madame, d'accepter l'expression de mes sentiments les meilleurs.*
>
> *Janine Saintoux*

Trois jours plus tard, Mme Saintoux reçoit la lettre suivante de la part de Mme Le Flahec :

> *Madame,*
>
> *J'ai bien reçu votre lettre du 5 mai et j'ai le plaisir de vous informer que le gîte sera libre pendant deux semaines à partir du samedi 29 août.*
>
> *Vous me demandez où se trouve la plage la plus proche. C'est bien à vingt minutes du gîte, en bordure du Golfe du Morbihan, ce qui aurait dû être précisé dans l'annuaire. Il y*

a un abri attenant à la maison pour la voiture. *Vous pouvez amener votre chien sans problème, j'en ai deux moi-même!*

Le gîte est entouré d'un jardin clos avec bac à sable, balançoire, jeu de boules et corde à linge avec pinces. Il y a deux lits à deux personnes dans la chambre principale, et l'autre chambre a un lit à une personne. Les lits ont chacun un traversin et deux couvertures, mais vous devez apporter votre linge. Il y a une commode et une penderie avec cintres dans les chambres.

Dans le séjour, il y a un coin repas, une cheminée avec grill, trois fauteuils et un canapé. Toute la vaisselle et les ustensiles nécessaires, dont une bouilloire et une théière, sont fournis. Vous trouverez aussi trois saladiers et dix chopes anglaises. Les WC sont à part et il y a une grande baignoire dans la salle de bains.

Si vous avez bien l'intention de prendre le gîte, je vous demande de bien vouloir remplir le contrat ci-joint et de me le retourner avec un chèque de réservation de mille francs. Vous pouvez régler le reste sur place. Si vous voulez avoir plus de renseignements, n'hésitez pas à me contacter.

Veuillez me téléphoner un ou deux jours avant le 29 pour me préciser l'heure exacte de votre arrivée.

Dans l'attente de faire votre connaissance, je vous prie, Madame, de recevoir l'expression de mes sentiments respectueux.

M. Le Flahec

Language notes

6.1 on n'a pas forcément très faim *one isn't necessarily very hungry.* Though it is a noun meaning 'hunger', **faim** behaves like an adjective (it is possible to put adverbs like **très**, **trop** and **plus** before it). A few other words behave in the same way:

Je n'ai pas trop soif *I'm not too thirsty*
Tu aurais dû faire plus attention *You should have been more careful*
On ne peut pas lui faire très confiance *You can't trust him very much*

6.2 faire du camping *to go camping.* Many expressions to do with outdoor activities are formed with **faire** + **du, de la**: **faire du bateau** *to go boating*; **faire de la voile** *to go sailing*; **faire de**

l'alpinisme *to go mountaineering*; **faire du vélo** *to go bicycling*; **faire du cheval** *to go riding*, etc.

6.3   A condition de répartir les tâches ménagères à plusieurs *On condition that household tasks are shared out among several people.* Note the use of **à** in this expression, e.g.

> On ne peut pas monter le piano à deux *Two (people) can't carry the piano up*

6.4   pays can also mean 'region': **La Normandie est un beau pays**.

6.5   entouré d'un muret en pierre sèche *surrounded by a dry-stone wall*: **de** most often means 'by' when the agent is passive or inactive. Compare these two examples:

> Le fromage fut suivi d'une omelette norvégienne *The cheese was followed by a baked Alaska*
> Le cambrioleur fut suivi par un agent *The burglar was followed by a policeman*

6.6   Madame or **Monsieur** at the beginning of a letter is the equivalent of 'Dear Madam'/'Dear Sir'. **Chère Madame/Cher Monsieur** is the equivalent of 'Dear Mrs X'/'Dear Mr X'.

6.7   il nous est possible de *it is possible for us to*. The indirect personal pronoun is often used in expressions beginning with **il est** where **de** introduces the infinitive: **il lui est nécessaire de, il leur est indispensable de, il m'est essentiel de connaître la vérité.**

6.8   votre gîte est à vingt minutes de route de la mer *your gîte is a twenty-minute drive away from the sea.* Similarly:

> Le village est à trois heures de marche d'ici *The village is a three-hour walk away from here*
> New York est à six heures de vol de Paris *New York is a six-hour flight away from Paris*

See also **1.31**.

6.9   je vous prie, Madame, d'accepter l'expression de mes sentiments les meilleurs. There is no short way in French of saying 'Yours sincerely'!

6.10   amener votre chien *bring your dog*: **amener** means 'to bring' or 'to take s.o. or sth. somewhere' when what is brought or taken is capable of moving by itself; it can therefore be quite close in meaning to 'lead', (**amener qn à croire qch** *to lead s.o. to believe sth.*) 'To bring or take something back' in this case is **ramener**: **Je dois ramener la voiture au garage.**

6.11 **jeu de boules** *set of bowls.* A game of bowls is **une partie de boules**; similarly, **un jeu de cartes** *a deck of cards*, **une partie de cartes** *a game of cards.*

6.12 **apporter votre linge** *bring your linen.* **apporter** means to bring or take something that has to be carried. 'To bring or take sth. back' in this case is **rapporter**: **rapportez-moi le livre demain.**

6.13 **dont une bouilloire** *including a kettle.*

6.14 **je vous demande de bien vouloir.** A much used expression in correspondence, meaning 'will you please … '.

6.15 **Veuillez me téléphoner** *Please telephone me*: **veuillez** is the imperative of **vouloir** and is a rather formal way of saying 'Please (do sth.)'.

6.16 **plus de renseignements** *more information.* Even though an English noun may always be in the singular, its French equivalent can very often be put into the plural. Examples: **meubles** (*furniture*), **conseils** (*advice*), **nouvelles** (*news*), **proies** (*prey*), etc.

2   Une promenade en mer

être à la retraite to be retired
pêcheur (*m*) fisherman
arrondir ses fins de mois to supplement one's income
emmener qn à la pêche to take s.o. out fishing
hors-bord (*m*) speedboat
bateau (*m*) **de plaisance** pleasure craft
parc (*m*) **à huître** oyster bed
crustacé (*m*) shellfish
homard (*m*) lobster
à marée basse at low tide
au large out at sea
thon (*m*) tuna
des semaines durant for weeks on end
poissonneux full of fish
par le passé in the past
gagner sa vie to earn one's living
station (*f*) **d'épuration** purifying plant
chalutage (*m*) trawling
maille (*f*) mesh
filet (*m*) net
tanguer to pitch
s'y connaître en qch to know (a lot) about sth.
ancre (*f*) anchor
appât (*m*) bait
hameçon (*m*) hook
touche (*f*) bite
par-dessus bord overboard
maquereau (*m*) mackerel
congre (*m*) conger eel

Eric Marrou est maintenant à la retraite. Il vit avec sa femme dans une vieille maison de pêcheur en bordure du Golfe du Morbihan. Pour arrondir ses fins de mois, il emmène des touristes à la pêche dans son hors-bord. Aujourd'hui, il part avec la famille Saintoux.

Eric Marrou	Vous êtes ici pour combien de temps?
Janine Saintoux	On doit partir dans quelques jours, malheureusement. C'est la rentrée scolaire.
Isabelle Saintoux	Oui, malheureusement! C'est vachement chouette, ici. Tu es d'accord, n'est-ce pas Titi? *(On entend le chien aboyer)*
Henri Saintoux	C'est vrai. On se plaît énormément ici.
Janine	On se sent tellement dépaysé ici, nous autres Alsaciens!
Eric	Ici, c'est la montagne qui me manque!
Henri	On n'est jamais content! Dites, il y a une chose que j'aimerais savoir. Où en est la pêche en Bretagne de nos jours? Ici, on ne voit que des bateaux de plaisance.
Eric	En plein mois d'août il y en a deux fois plus! Tout de même, il y a pas mal de gens qui ne font que pêcher. Ici, dans le Golfe, il y a des parcs à huîtres... et des crustacés aussi, des homards qu'on ramasse à marée basse.
Janine	Et au large, qu'est-ce qu'on pêche?
Eric	Il y a toujours des gens qui pêchent le thon. Ils partent des semaines durant, mais ici, la mer est beaucoup moins poissonneuse que par le passé. Alors, les gens se tournent naturellement vers le tourisme pour gagner leur vie.
Henri	C'est à cause de la pollution qu'il y a moins de poissons?
Eric	Pas vraiment. Avec toutes les stations d'épuration qu'on a, la pollution n'est pas trop grave. Non, le problème, c'est le chalutage intensif. Les mailles des filets sont trop petites, on prend donc les petits poissons qui n'ont pas le temps de grandir... On va maintenant sortir du Golfe.
	(Quelques minutes plus tard)
Janine	Oh, ça commence à tanguer.
Henri	C'est normal. Alors, je ne m'y connais pas très

bien en pêche. Vous pouvez nous expliquer un peu ce qu'il faut faire?

Eric C'est simple comme bonjour. Laissez-moi arrêter le moteur et jeter l'ancre... Voilà. Vous prenez l'appât comme ça et vous le fixez à l'hameçon.

Isabelle Ça pue le poisson pourri!

Eric Je suis désolé, mais je n'y peux rien, mademoiselle! Maintenant vous jetez la ligne aussi loin que possible et quand vous avez une touche, ça tire et vous remontez la ligne.

Isabelle Et on jette les poissons par-dessus bord après?

Eric C'est comme vous voulez. Personnellement je préfère les manger. Il y a beaucoup de maquereaux ici.

Janine Je n'aime pas tellement, c'est trop gras.

Eric Si on a vraiment de la chance, on pourrait même pêcher un congre.

Janine Ça, par contre, c'est très bon à manger. Jette ta ligne, Henri. J'aimerais bien que tu m'attrapes un beau congre pour ce soir!

Henri D'accord, je ferai de mon mieux, chérie!

Language notes

6.17 Vous êtes ici pour combien de temps?: **pour** followed by an expression of duration signifies the length of time allocated to something. Do not confuse the following:

> Je suis à Paris pour deux semaines *I'm in Paris for two weeks*
> Je suis à Paris depuis deux semaines *I have been in Paris for two weeks*

6.18 dans quelques jours: **dans** + time expression refers to the future; **en** + time expression refers to the length of time it takes to do something. Examples:

> Vous pouvez le faire dans cinq minutes *You may do it in five minutes' time*
> Vous pouvez le faire en cinq minutes *It will take you five minutes to do it*

6.19   la rentrée scolaire *the beginning of the school year*: **la rentrée** is when educational, business and government institutions start up again after the summer break.

6.20   c'est vachement** chouette* *it's really neat*; **c'est vachement** cher** *it's damned expensive.*

6.21   dépaysé describes the sensation of being in a place that is very different to one's home ground (**le dépaysement** *a change of scenery*).

6.22   pour nous autres Alsaciens *for us Alsatians*. Note the emphatic use of **autres** in this expression:

> C'est différent pour vous autres informaticiens *It's different for you computer programmers*

6.23   la montagne me manque *I miss the mountains*. Note the word order:

Sa famille lui manque	Il manque à sa famille
He misses his family	*His family misses him*

6.24   qui ne font que pêcher *who only fish.* 'Only' + verb is often translated by **ne faire que** + infinitive: **Je n'ai fait que répéter ce que vous m'avez dit!**

6.25   qui pêchent le thon *who fish for tuna.* Note the direct object after **pêcher**.

6.26   Ça pue le poisson pourri! *It stinks of rotten fish!*: **puer** and **sentir** are not followed by a preposition in this construction, e.g. **Ça sent le fromage** *It smells of cheese.*

6.27   je n'y peux rien *I can't do anything about it*: **pouvoir** is not always followed by a verb:

> Je n'en peux plus! *I can't take any more!*

6.28   Je n'aime pas tellement *I don't like them that much*: **aimer** need not be accompanied by a direct object: **Vous aimez la cuisine chinoise? Oui, j'aime beaucoup.**

Questions

Première partie

1   Quels sont les avantages d'un gîte par rapport à un hôtel ou à d'autres formules de vacances?
Mots clef: autonome, horaires, fréquenter, faire du camping, dormir à la belle étoile

2 Faites la description du gîte de Mme Flahec.
Mots clef: coquet, jardin clos, équipements, chambres à coucher, vaisselle

3 Quels renseignements supplémentaires Mme Saintoux aimerait-elle avoir?
Mots clef: se baigner, garage, animaux familiers

Seconde partie

1 Que fait Eric Marrou?
Mots clef: retraite, fins de mois, hors-bord, aller à la pêche, emmener

2 Où en est la pêche en Bretagne de nos jours?
Mots clef: huîtres, homards, à marée basse, au large, thon, chalutage

3 Qu'est-ce qu'il faut faire pour pêcher à la ligne?
Mots clef: ancre, appât, hameçon, touche, remonter, par-dessus bord

Exercice

Fill in the gaps with one of the following expressions: **au bout de, au cours des, dans, depuis, dès, d'ici, en, pendant, pour.**

1 On était tellement fatigués, que nous n'avons pratiquement rien fait......les deux premiers jours.
2 Il faut absolument le faire......le treize, sinon on risque de perdre le contrat.
3 Si nous avions un hors-bord, nous pourrions traverser la baie......cinq minutes.
4 Je croyais d'abord que je parlais avec sa femme, mais je me suis rendu compte de mon erreur......quelques minutes.
5 Plusieurs nouveaux films belges sont sortis......derniers mois.
6 Je vivais en Chine......trois ans quand la guerre a éclaté.
7 Je suis arrivé à Paris il y a deux jours et je pars......trois jours. Je suis à Paris......deux jours. Je suis à Paris......cinq jours.
8 Les Parisiens aimaient se rendre au cinéma......la fin du siècle dernier.

Chapitre Sept

Le vin

viticole wine-producing
l'aspect ingrat des sols unprom-
  ising-looking soil
cep (*m*) vine stock
pierreux stony
inapte à unsuitable for
culture (*f*) crop
puiser to draw
sève (*f*) sap
cépage (*m*) variety of vine
frileux sensitive to the cold
intempéries (*f. pl.*) inclement
  weather
grêle (*f*) hail
faire des ravages to create havoc
vignoble (*f*) vineyard
grappe (*f*) bunch
plant (*m*) young plant
vendages (*f. pl.*) grape harvest
foulage (*m*) pressing
viticulteur (*m*) wine-producer
cuve (*f*) vat
fût (*m*) cask
chêne (*m*) oak
arriver à maturité to reach mat-
  urity

clos (*m*) (enclosed) vineyard
fin connaisseur (*m*) connoisseur
sans grand-peine without much
  trouble
bordelais from Bordeaux
liquoreux syrupy
pourriture (*f*) rot
s'enrichir de to grow richer in
dévastateur devastating
côteau (*m*) slope
calcaire chalky
pétillant sparkling
mousseux frothy
cave (*f*) cellar
craie (*f*) chalk
lie (*f*) dregs
bouchon (*m*) cork
dépôt (*m*) deposit
baptême (*m*) christening
sabler le champagne to drink
  champagne
porter un toast à qn to toast s.o.
spontané spontaneous
réjouissances (*f. pl.*) festivities

A parcourir une région viticole, on est souvent frappé par l'aspect
ingrat des sols où poussent les vignes. Il semble que les ceps soient
plus productifs sur des terres arides ou pierreuses qui seraient
inaptes à d'autres cultures. C'est que la vigne peut plonger ses
racines jusqu'à une remarquable profondeur pour puiser l'eau qui

lui est nécessaire. C'est justement cette eau, qui, transformée en sève, donne la saveur de la terre aux raisins, de telle sorte que des vins, issus du même cépage, ont un goût fort distinct les uns des autres. Mais aussi robuste qu'elle puisse paraître, la vigne reste une plante assez frileuse, très sensible aux intempéries. Il arrive que la grêle ou le vent fassent des ravages dans les vignobles, détruisant les grappes ou arrachant des plants entiers.

A condition qu'aucune catastrophe de ce genre ne se produise, les vendanges ont lieu en septembre ou en octobre. Après le foulage du raisin, le jus est placé dans des cuves pour que la fermentation ait lieu. Si l'on veut un vin blanc, on laisse fermenter le jus sans la peau, que le raisin d'origine soit noir ou blanc. Pour obtenir du vin rouge, le jus reste en contact avec les peaux noires pendant cette étape. Si l'on veut un vin doux, on arrête la fermentation avant que la totalité du sucre se transforme en alcool. Si, par contre, on veut un vin sec, on attend que tout le sucre, en tant que tel, disparaisse.

Ensuite, le viticulteur met sa cuvée dans des fûts (souvent en chêne) pour qu'elle vieillisse, et quand il arrive à maturité, le vin est mis en bouteille. Il peut être consommé quelques mois après la mise en bouteille, mais on peut, dans certains cas, le laisser reposer jusqu'à cinquante ans avant de le déguster! Comment se fait-il, pourtant, qu'il y ait une telle diversité de vins, même s'ils ont été élaborés de façon semblable? Nous avons déjà évoqué l'importance de la terre. Cependant, dans certaines régions, des vignes, poussant dans des conditions identiques, produisent des vins de saveur différente. C'est le cas des grands vins de Bourgogne, où chaque «clos», délimité au mètre près par rapport à son voisin, produit bien «son» cru à lui que de fins connaisseurs arrivent à distinguer sans grand-peine.

Il est plus facile d'expliquer d'autres particularités. Prenons l'exemple du sauternes, vin bordelais, très apprécié pour son goût liquoreux qui est souvent le résultat d'une «maladie», appelée «pourriture noble». Il arrive que des grappes entières soient dévorées par un minuscule champignon qui prospère à l'époque de la récolte et surtout quand il y a du brouillard. La moisissure agit de telle sorte que le raisin s'enrichit de sucres supplémentaires qui donneront une exquise saveur au vin. Il faut, toutefois, que le viticulteur choisisse le bon moment pour la récolte. Sinon, cette pourriture, loin d'être noble, risque de devenir dévastatrice.

Un tour d'horizon des vins de France, si sommaire qu'il soit, ne peut négliger le vin qui est devenu le symbôle même de l'art de vivre français. Il s'agit, bien sûr, du champagne. La Champagne est

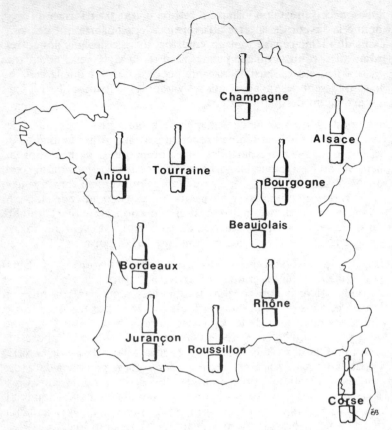

composée de coteaux calcaires, où pousse le Pinot noir, cépage dont le jus sert à préparer le plus gros de la production champenoise. Après le foulage et la première fermentation, des experts « assemblent » le vin, c'est-à-dire qu'ils mélangent une cinquantaine de crus, qui n'ont pas forcément le même âge, pour s'assurer que le goût de chaque marque reste le même. Juste avant la mise en bouteille, on rajoute du sucre de canne pour provoquer la seconde fermentation qui, elle, va rendre le vin pétillant et mousseux. Les bouteilles sont ensuite emmagasinées dans de vastes caves taillées dans la craie. Chaque jour, il faut tourner les bouteilles pour que la lie descende vers le bouchon — un ouvrier experimenté arrive à tourner jusqu'à trente mille bouteilles par jour! Le dépôt est ensuite gelé pour permettre son extraction.

Si le champagne qu'on boit est le plus souvent un mélange de vins d'années différentes, peut-il y avoir des champagnes millésimés? Oui, car si l'année s'avère excellente, on fait une cuvée uniquement avec les meilleurs crus de cette année-là, et c'est cette cuvée qui portera un millésime.

Le champagne est vendu partout dans le monde, les pays anglo-saxons étant parmi les plus gros importateurs. On sable le champagne depuis la Régence, à l'occasion de baptêmes, mariages, victoires sportives ou de gains importants au Loto! Lors de ces événements on devrait porter un toast également à Dom Pérignon, moine génial qui a créé la méthode champenoise voici bientôt trois cents ans et dont l'invention s'associe de façon si spontanée à toutes sortes de fêtes et de réjouissances.

Language notes

7.1 A parcourir une région viticole *On travelling through a wine-producing area*: **à** + infinite can express a cause:

> A l'entendre parler, on dirait qu'il est bien content de lui
> *Hearing him speak, I'd say he sounds very self-satisfied*

7.2 Il semble que les ceps soient *It seems that the vine stocks are*: **soient** is in the subjunctive mood of **être**. The subjunctive is often found after **que** and it usually expresses wishes, fears, regrets and uncertainty (in other words, the subjunctive belongs to the subjective realm, whereas the indicative tends to describe objective reality). Very few verbs have an irregular present subjunctive, but those that do, such as **être**, **faire**, **avoir**, **savoir** and **pouvoir** are among the most frequently used.

Learning the present subjunctive should present no major problem. As a rule of thumb, the first, second and third persons singular and the third person plural sound exactly like the third person plural of the indicative – even when this is irregular. The first and second persons plural are almost invariably the same as the first and second person plural of the imperfect, e.g.

venir: *3rd per. plural indicative* = ils viennent
present subjunctive; que je vienne, que tu viennes, qu'il vienne,
que nous venions, que vous veniez, qu'ils viennent

7.3 jusqu'à une remarquable profondeur *down to a remarkable depth*: **jusqu'à**, as well as meaning 'as far as' and 'until' can also be translated by 'down to' or 'up to', e.g. **Cet hôtel peut accueillir jusqu'à trois cents personnes**.

7.4 issus du même cépage *from the same variety of vine*: **issu de** means 'born of', 'descended from':

> Il est issu d'un milieu bourgeois *He is from a middle-class background*

7.5 distincts les uns des autres *distinct from one another*: **l'un l'autre, les uns les autres** mean 'each other', 'one another'. Note the intermediate place of a preposition:

> On est les uns sur les autres ici! *We're on top of one another here*

7.6 que le raisin d'origine soit noir ou blanc whether the original grapes are black or white.
(*a*) **que** + subjunctive is translated by 'whether (or not)':

> Qu'il pleuve ou non, je vais sortir *Whether it rains or not, I'm going to go out*

Que without an antecedent can also form a third person imperative: **Qu'il sorte**! *Let him go out!*
(*b*) **raisin** is often in the singular even though the meaning is plural: **Voulez-vous du raisin**? *Do you want some grapes?*

7.7 Si l'on veut: **l'on** is often used when the preceding word ends in a vowel.

7.8 cuvée can mean either the content of a single vat or a whole vintage.

7.9 la mise en bouteille *bottling*. Many expressions with **mettre** have a corresponding noun form with **mise**:

> mettre au point *to focus, to finalise* la mise au point *focusing, finalisation*
> mettre à jour *to bring up to date* la mise à jour *updating*
> mettre un appareil en marche *to start a machine* la mise en marche d'un appareil *the starting up of a machine* etc.

7.10 de façon semblable in a similar way: **façon** and **manière** are both preceded by **de** or **d'une** when they mean 'in a certain way', e.g. **de manière habile** *skillfully*; **d'une manière plus subtile** *in a more subtle way*.

7.11 délimité au mètre près *traced out to the nearest metre*; **à quelques francs près** *within a few francs.*

7.12 son cru à lui *its very own (vintage) wine.*
(*a*) **à** + personal pronoun strengthens the idea of possession: **C'est ma voiture à moi!**
(*b*) **cru** may refer to a good vintage wine or, as in Champagne, to the production from any vineyard.

7.13 si sommaire qu'il soit *however cursory it may be*: **aussi** or **si** placed before an adjective and followed by the subjunctive are the most common ways of translating 'however' + adjective.

7.14 millésime refers to the date on a bottle of vintage wine.

7.15 la Régence is the period when the Duc d'Orléans acted as Regent after the death of Louis XIV in 1715.

7.16 voici bientôt trois cents ans *close on three hundred years ago*: **voici** is a somewhat literary way of saying **il y a**.

2   Il faut saisir l'occasion

opportunité (*f*) appropriateness	**caviste** (*m*) cellarman
vigneron (*m*) vinegrower	**raffoler de** to be very fond of
faire démarrer une campagne to get a campaign off the ground	**faire un malheur*** to be a huge success
avoir le bras long to be able to pull strings	**crever de faim** to die of hunger
mettre le paquet* to make an all-out effort	**droits** (*m.pl.*) **de douane** customs duties
vinification (*f*) wine-making process	**faire gaffe*** to watch out
prendre exemple sur qn to take s.o. as an example	**faire l'ascension d'une montagne** to climb a mountain
sommelier (*m*) wine waiter	**accrocheur** eye-catching
tablier (*m*) apron	**enfoncer le clou** to drive the message home

Henri Langlade est président de l'Association des Viticulteurs du Gard. Il est en train de discuter avec François Baquet, ami et vigneron, de l'opportunité de lancer une campagne de publicité pour les vins du Gard à l'occasion du passage du Tour de France dans le département.

Henri Langlade   Soyons clairs là-dessus, François. On ne pourrait pas faire démarrer une grosse campagne sans le soutien de Delors. En tant que maire de Hauteville, il saurait frapper à toutes les bonnes portes. Il a le bras long, même auprès du Ministre.

François Baquet   En plus, c'est le premier vigneron du coin. A vrai dire, j'ai du mal à comprendre l'indifférence des gens d'ici. Le Tour de France, c'est quand même l'occasion rêvée pour mettre le paquet.

Henri   Mais comme je te l'ai déjà dit, les gens ne sont pas assez motivés. Presque tout le monde vend son raisin à la coopérative, on encaisse son chèque et on oublie tout le reste. C'est pas comme dans le Beaujolais où les vignerons se chargent aussi de la vinification.

François   On devrait prendre exemple sur eux. A ce propos, est-ce que je t'ai jamais raconté ce qui m'est arrivé une fois dans un restaurant chic à Paris?

Henri   Je ne crois pas. Qu'est-ce qui s'est passé?

François   Eh bien, j'étais avec Catherine et j'ai demandé la carte des vins. Je l'ai feuilletée mais il n'y avait pas de Beaujolais. Alors, j'ai appelé le sommelier à nouveau pour lui dire qu'on voulait du Beaujolais, et lui, très comme il faut avec son tablier de caviste et tout, m'a répondu: «Vous avez demandé la carte des *vins*, monsieur». Catherine était toute rouge de honte!

Henri   Et maintenant le Beaujolais nouveau coûte assez cher par rapport à d'autres vins. A Londres, paraît-il, ils en raffolent! Mais, tu vois, les viticulteurs du Beaujolais ont décidé de s'investir à titre personnel dans leur vin, de changer son image de marque et maintenant ils font un malheur un peu partout. Les vignerons y vivent très bien et, avant, leur vin ne valait pas grand-chose du tout.

François   Mais nos vignerons ne crèvent pas de faim! loin de là!

Henri   D'accord, mais avec la suppression des droits de douane, on va être inondé de vins espagnols, et il y en a qui sont franchement supérieurs à pas mal de vins français. Dans le Gard, on va prendre du retard si on ne fait pas gaffe. Alors, il faut absolument promotionner nos vins! Voici ce que je propose qu'on fasse, si nous arrivons à décider Delors. Les coureurs font l'ascension de la montagne le jeudi vingt juillet. Si on pouvait mettre des pancartes le long de la route qui mène au sommet, cela nous ferait une publicité fantastique! Avec toutes les télévisions qui seront là à longueur de journée, tu imagines!

François   Oui, avec un slogan accrocheur. Et après, on enfonce le clou avec un coureur qui pourrait sponsoriser notre appellation.

Henri   On verra tout ça plus tard, mais d'abord si seulement nous pouvions...

(Le téléphone sonne)

Allo!

Voix   Bonjour, c'est Stéphane Delors à l'appareil. J'ai réfléchi un peu à ce que vous m'avez proposé l'autre jour, M. Langlade, et je trouve que c'est une excellente idée. Vous savez, on ne serait pas obligé de payer cette publicité très cher. J'en ai déjà parlé avec une connaissance au Ministère et il n'y a pas de problème de ce côté-là. Il faut trouver le bon slogan pour les pancartes. Si on mettait « *Le vin du Gard, le vin qu'on garde* »?

Henri   C'est pas mal, c'est vraiment pas mal, M. Delors. Merci pour votre soutien!

Language notes

7.17 Soyons clairs là-dessus *Let's be clear on that.*

7.18 il saurait frapper *he'd be able to knock*: **savoir** is sometimes used instead of **pouvoir**, especially in the conditional and *passé composé*:

Je n'ai pas su le convaincre *I wasn't able to convince him*

7.19 tout le monde vend son raisin *everybody sells their grapes*. The possessive adjectives of third person singular nouns and pronouns (**personne, quelqu'un, on**, etc.) are **son, sa, ses**.

7.20   C'est pas* *It's not.* In spoken French, the **ne** of a negation is often omitted.

7.21   Catherine était toute rouge de honte! *Catherine was quite red with shame*!
(*a*) **tout** is the one adverb that can be put into the feminine before an adjective, but only when the latter begins with a consonant. In the masculine form, do not confuse **Ils étaient tout contents** (*They were really pleased*) with **Ils étaient tous contents** (*All of them were pleased*), where the s of **tous** is pronounced.
(*b*) **de** can mean 'with' before a noun, especially when there is a relation of cause and effect, e.g. **Je suis très content de vos progrès, Il était très peu satisfait de ma réponse, Il tremblait de peur.**

7.22   paraît-il *it appears.* Similarly, **semble-t il** *it seems.*

7.23   leur vin ne valait pas grand-chose du tout *their wine wasn't worth much at all.* Do not confuse **grand-chose**, which is the object of a verb, with **beaucoup** which is an adverb:

Il parle beaucoup; il n'a pas dit grand-chose.

7.24   promotionner* nos vins *promote our wines.* The French prefer this verb which has been called a 'barbarous neologism' to the verb **promouvoir** which they sometimes have trouble conjugating!

7.25   si nous arrivons à décider Delors *if we manage to make Delors's mind up.*

7.26   les télévisions refers to the different television channels.

7.27   sponsoriser is an anglicism which is in sharp competition with the verb **parrainer.**

7.28   By appellation, François Baquet means that the wine produced in the Gard is a *vin d'appellation contrôlée,* i.e. it bears a label recognised by the state and that guarantees its quality.

7.29   C'est pas mal means that it really is quite good!

Questions

Première partie

1   Pourquoi est-il possible de dire que la vigne est à la fois robuste et fragile?
Mots clef: sols ingrats, pierreux, racine, puiser, frileux, intempéries, grêle, faire des ravages,

2 Comment produit-on du vin?

Mots clef: vendanges, foulage, cuves, fermentation, peaux, fûts, mettre en bouteille, cave

3 Quels sont les particularités du sauternes et du champagne?

Mots clef: goût liquoreux, pourriture noble, moisissure, mélanger, sucre de canne, pétillant, mousseux, millésime

Seconde partie

1 Que pouvez-vous dire à propos du succès du vin du Beaujolais?

Mots clef: vin déconsidéré, vigneron, vinification, image de marque, raffoler de, s'investir à titre personnel

2 Comment pourrait-on faire la promotion du vin du Gard?

Mots clef: Tour de France, pancarte, enfoncer le clou, sponsoriser, télévisions

3 Pourquoi faut-il avoir le soutien de M. Delors et que propose ce dernier?

Mots clef: premier vigneron, motiver, avoir le bras long, slogan

Exercice

Put the verbs in italics into the present subjunctive:

1 Il ne voulait pas que nous le *faire* faire.
2 Il faut attendre que le transporteur *recevoir* la facture.
3 Il est quand même étonnant que personne ne *pouvoir* me donner une réponse précise.
4 Comment veux-tu que je le *savoir*?
5 Il va falloir que ceux qui restent *prendre* le train de minuit.
6 Voulez-vous que je vous *conduire* à la maison?
7 Combien de fois faut-il que je vous *dire* d'éteindre la radio!
8 Chantal aurait aimé que vous *assister* à son mariage.
9 Nous aimerions que vous *bénéficier* de nos nouveaux tarifs.
10 J'insiste pour qu'il n'y *avoir* plus d'erreur.

Chapitre Huit

1 Monet et l'Impressionnisme

flou (*adj., m*) vague, fuzziness	**pinceau** (*m*) (artist's) brush
ébauche (*f*) rough outline	**pie** (*f*) magpie
toile (*f*) canvas	**coloris** (*m*) colouring, shade
chevalet (*m*) easel	**irisé** iridescent
point (*m*) **de repère** reference point	**paysagiste** (*m*) landscape artist
incontournable impossible to ignore	**mariniste** (*m*) seascape artist
	aquarelle (*f*) water colour
naquit was born (3rd pers. sing. *passé simple* of **naître**)	**coquelicot** (*m*) poppy
	régates (*f. pl.*) regatta
ville (*f*) **portuaire** port (town)	**séjourner** to stay
esquisse (*f*) sketch	**nymphéa** (*m*) water lily
se lier d'amitié avec qn to strike up a friendship with s.o.	**laisser la place à** to give way to
	onirique dreamlike
couche (*f*) layer	**insaisissable** indiscernible
manier to handle	**indélébile** indelible

En 1874, un journaliste, en voyant un tableau de Claude Monet intitulé « Impression, soleil levant » où prédominait un flou voulu, décida de traiter son style d' «Impressionniste», sans se rendre compte qu'il venait d'inventer un terme qui devait rester.

Il n'est pas difficile de dire ce que l'Impressionnisme a de spécifique. Il s'agit d'un système de peinture qui accorde une importance primordiale à la lumière changeante et fugace du soleil. Les Impressionnistes furent fascinés à tel point par cette lumière-là qu'ils devinrent les premiers artistes à réaliser des tableaux entièrement en plein air. Avant eux, d'autres artistes avaient, bien sûr, fait des ébauches à l'extérieur, mais pour terminer leur œuvre par la suite à l'atelier. Par contre, les Impressionnistes, afin de transcrire directement leurs impressions sur la toile, achevaient leurs tableaux là où ils avaient posé leur chevalet.

Il va sans dire qu'on doit se garder de mettre dans le même panier — comme on dit familièrement — des artistes dont la manière de voir la nature montre des divergences qui sont de taille. Néanmoins, il y a un artiste dont l'œuvre correspond de si près à l'idée que l'on se fait habituellement de l'Impressionnisme, qu'il faut le considérer comme point de repère incontournable par rapport à qui d'autres peintres ont déterminé leur style. Il s'agit de Claude Monet.

Monet naquit en 1840 et passa la plus grande partie de son enfance au Havre. C'est dans cette ville portuaire qu'il fit la connaissance de l'artiste Boudin, dont les esquisses de vagues et de nuages semblaient préfigurer l'esthétique impressionniste.

A l'âge de vingt ans, Monet s'installe à Paris où il se lie d'amitié avec Renoir et Sisley. Déjà, il est fasciné par les effets de lumière qu'il rend au moyen de couches épaisses de couleur. Peu à peu, pourtant, Monet apprend à manier son pinceau de façon plus légère et nuancée. Dans un tableau comme «La pie», par exemple, peint en 1868, la neige vibre et scintille d'une telle intensité et de tant de coloris irisés que le spectateur a l'impression de se trouver dans un champ normand en hiver.

La guerre de 1870 amène Monet, en compagnie de Pissarro, à s'exiler à Londres, séjour qui a son côté positif car les deux artistes découvrent les paysagistes et marinistes anglais dont, bien sûr, Turner et Constable. Aux yeux de beaucoup de critiques, il existe un lien étroit entre les tableaux à l'huile et les aquarelles du premier et de nombreuses toiles de Monet.

De retour à Paris, Monet et ses amis, parmi lesquels se trouvent Cézanne et Degas, organisent des expositions en dehors du circuit officiel. Peu de gens, cependant, se montrent enthousiastes pour ce nouveau mouvement. Sans se laisser décourager, Monet déménage à Argenteuil, au bord de la Seine, où il réalise quelques-uns de ses tableaux les plus connus comme «Les coquelicots» et «Les régates d'Argenteuil».

Il n'y a rien d'étonnant à ce qu'un artiste comme Monet soit fasciné par l'eau, royaume par excellence du flou, de formes dissolvantes et d'impressions passagères. Il séjourne en Bretagne où il se sert de toutes les gammes du jaune, du mauve et du rouge pour évoquer la mer et les falaises. Au sujet de ces tableaux bretons, un contemporain remarqua: «On peut dire de Monet qu'il a véritablement inventé la mer, car il est le seul qui l'ait comprise ainsi et rendue avec ces changeants aspects».

Monet commence à connaître le succès et en 1890 il achète une maison à Giverny, en Ile-de-France. «Je deviens d'une lenteur effrayante à travailler», écrit-il, «qui me désespère, mais plus j'avance, plus je vois qu'il faut beaucoup travailler pour arriver à rendre ce que je cherche... l'enveloppe, la même lumière rendue partout.» C'est dans les «Nymphéas», vastes œuvres réalisées quand l'artiste avait plus de quatre-vingts ans, que Monet peint cette enveloppe, de telle manière que l'objet lui-même disparaît pour laisser la place à des reflets oniriques et insaisissables qui couvrent des toiles entières. Pour certains, il s'agit d'une œuvre ratée, produit d'une vision déformée par la vieillesse. Pour d'autres, il est question du glorieux aboutissement d'une esthétique qui a laissé une influence indélébile sur l'art du vingtième siècle.

Language notes

8.1   traiter son style d'«Impressionniste» *to call his style impressionistic*'; **Il m'a traité de menteur** *He called me a liar.*

8.2   il venait d'inventer. The imperfect of **venir** + **de** + infinitive translates 'had just'.

8.3   ce que l'Impressionnisme a de spécifique *what is specific about Impressionism*. Note the use of **avoir** + **de** in this construction, e.g. **tout ce que la ville avait de charmant** *everything that was charming about the town.*

8.4   là où ils avaient posé leur chevalet *where they had put down their easels*: **là où** means 'where' in the non-interrogative sense:

> Là où mon père travaille, il n'y a jamais de grève *Where my father works there are never any strikes*

8.5   l'œuvre correspond de si près à l'idée: **de** + **près** conveys the idea of 'closely', e.g. **si vous regardez le tableau de plus près** *if you take a closer look at the painting.*

8.6   De retour à Paris *Back in Paris*; **Je serai de retour dans trois jours** *I'll be back in three days.*

8.7   sans se laisser décourager *without letting himself be discouraged*. Note the use of the active infinitive after **se laisser**: **Je me suis laissé persuader que c'était vrai.**

8.8   Il n'y a rien d'étonnant à ce qu'un artiste comme Monet soit fasciné par l'eau *There is nothing surprising about an artist like*

Monet being fascinated by water. Note the use here of **à ce que** + subjunctive.

8.9 Il est le seul que l'ait comprise *he is the only one who has understood it.*
(*a*) The subjunctive is often used to express an idea of scarcity and so is often found after a superlative, **seul**, and **unique**: **C'est l'homme le plus intelligent que je connaisse.**
(*b*) **comprise** has an **e** as it agrees in gender with the preceding feminine direct object (**la** = **la mer**). A past participle in a compound tense always agrees in gender and number with a preceding direct object, e.g. **Ce sont les deux femmes que j'ai vu*es* l'autre jour.**

8.10 plus j'avance, plus je vois *the more I advance, the more I see.* No article is used before **plus** or **moins** in this construction:

> Plus je dépense, moins j'ai d'argent! *The more I spend, the less money I have!*

8.11 de telle manière que l'objet lui-même disparaît *in such a way that the object itself disappears.* The indicative is employed here because a definite result is expressed. If an intention or a wish were involved, then the subjunctive would be used. In this case, the expressions **de manière à ce que, de façon à ce que** are often heard:

> Je veux distribuer mon argent de façon à ce que tout le monde soit content *I want to hand out my money in such a way that everyone may be happy*

2 Au musée d'Orsay

guichet (*m*) ticket office	**grosso modo** more or less
horloge (*f*) clock	**mobilier** (*m*) furniture
doré gilded	**en permanence** permanently
poutre (*f*) **en fonte** cast-iron girder	**axer sur** to centre on
stuc (*m*) stucco	**le revers de la médaille** the other side of the coin
tapageur flashy	**qualifier de** to label as
restaurateur(-trice) restorer	**donateur(-trice)** donor
étanchéité (*f*) watertightness; airtightness	**léguer** to bequeath

Mme Planche est guide au Musée d'Orsay. Elle est sur le point de faire visiter le musée à un groupe de touristes de province.

Mme Planche	Est-ce que tout le monde a son ticket pour la visite guidée?
Visiteur 1	J'ai pris le ticket d'entrée au guichet là-bas. Il ne suffit pas?
Mme Planche	Celui-là vous donne le droit d'entrer dans le musée mais vous devez en acheter un autre pour la visite.
Visiteur 1	Bon, j'y vais tout de suite. Je n'en ai que pour trente secondes.
Mme Planche	Bon, avant de voir quelques-unes des œuvres du musée, il faut parler un peu de l'immeuble lui-même. Comme chacun sait, nous nous trouvons dans une ancienne gare. Elle a été construite à la veille de l'Exposition Universelle de mil neuf cent par l'architecte Victor Laloux, mais dès le départ, il s'agissait d'une gare un peu spéciale, d'abord de par sa fonction, car elle était destinée au seul trafic des voyageurs, et ensuite de par sa décoration somptueuse. Si vous levez la tête vous verrez, par exemple, une magnifique horloge dorée.
Visiteuse 2	Elle est très belle, mais qu'est-ce qu'il reste d'autre de la gare?
Mme Planche	Beaucoup de choses. Il y a les poutres en fonte qui étaient recouvertes de stuc mais que nous avons dégagées. Il y a aussi la salle de bal de l'hôtel de la gare, que nous verrons, et que certains trouvent trop tapageuse à leur goût—quand même, il fallait la conserver telle quelle. Mais à l'encontre de Beaubourg, qui a été conçu en partie comme musée d'art, la transformation de la gare en musée a posé pas mal de problèmes aux restaurateurs, surtout au niveau de l'étanchéité et de la climatisation.
Visiteuse 2	J'imagine. Et cela fait toujours très gare, n'est-ce pas. Mais c'est très beau quand même.
Mme Planche	Justement, on ne voulait pas que le musée perde cet aspect-là. Mais en ce qui concerne les œuvres exposées, nous avons une collection qui va, grosso modo, de 1848 à 1914, bien que nous n'ayons pas rigoureusement respecté ces deux dates pour tout ce que nous avons. La photographie commence, par exemple, dans les années trente du siècle dernier.

Visiteur 3	Il n'y a pas que des tableaux, alors?
Mme Planche	Au contraire. Nous avons voulu que le visiteur ait une vue globale de la seconde moitié du dix-neuvième siècle. Et pour ce faire, nous exposons un peu de tout, du mobilier, de la sculpture, et nous verrons également une superbe maquette de l'Opéra. De plus, des films historiques sont projetés en permanence à l'accueil.
Visiteuse 2	Mais le musée est essentiellement axé sur la peinture, non?
Mme Planche	Nous avons, en effet, la collection la plus complète de tableaux de cette époque, dont il faut dire quelques mots. De part et d'autre de la nef centrale, nous avons aménagé de petites salles de dimensions moins imposantes. A droite, en montant, il y a les tableaux académiques, les œuvres des Pompiers, et à gauche il y a, en quelque sorte, le revers de la medaille, c'est-à-dire, la peinture d'avant-garde qui va du réalisme de Courbet jusqu'aux symbolistes, en passant par les Impressionnistes, bien sûr. Il y a donc une espèce de face-à-face voulue entre la peinture officiellement reconnue et la peinture qu'on pourrait qualifier de révolutionnaire.
Visiteur 3	On progresse ainsi de façon chronologique.
Mme Planche	C'est juste, mais à quelques exceptions près. Il y a, par exemple, un donateur qui nous a légué sa collection particulière et qui a insisté pour que celle-ci ne soit pas éparpillée un peu partout. Elle est donc exposée en un seul lieu, selon ses vœux. Alors, il ne reste maintenant qu'à regarder quelques œuvres, à moins que quelqu'un n'ait une question à me poser? Non? Dans ce cas, commençons par les tableaux d'Ingres qui ont beaucoup marqué ses contemporains...

Language notes

8.12 j'y vais tout de suite *I'll go straight away*. If **aller** is not followed by the name of a place, then it must be accompanied by **y**, **là-bas** or a similar word or expression, as the verb must have an object.

8.13   **de par sa fonction** *through its function*: **de** may be omitted in this expression.

8.14   **Qu'est-ce qu'il reste d'autre de la gare?** *What else is left of the station?*: **d'autre** is translated by 'else' after **personne, qui, quoi, que,** e.g. **je n'ai vu personne d'autre; quoi d'autre?** = *what else?*

In a question, **d'autre** tends to come after the main verb:

Qui avez-vous vu d'autre? *Who else did you see?*

Different expressions, however are required in French to translate 'else' after other interrogative words in English. Examples:

A quel autre moment pouvons-nous nous revoir? *When else can we see each other?*

De quelle autre manière peut-on préparer les pommes de terre? *How else can potatoes be cooked?*

Pour quelle autre raison aurait-il volé l'argent? *Why else would he have stolen the money?*

Où êtes-vous allé encore **or** A quel autre endroit êtes-vous allé? *Where else did you go?*

8.15   Beaubourg is what French people call the *Centre Georges Pompidou*.

8.16   **cela fait toujours très gare** *it still looks very much like a station* (*see* 2.33).

8.17   The second visitor says '**C'est beau**' when referring to the museum, but '**Elle est très belle**' when speaking about the clock. **C'est** is used when one is thinking of all the different parts that make up an object, but with **elle** or **il** an object is regarded as one single whole and its various components are not taken into consideration.

8.18   **Les Pompiers** were the officially recognised artists of the nineteenth century against whom the various avant-garde artists reacted.

8.19   **à quelques exceptions près** *with a few exceptions*; **à ceci près** *with this exception*.

8.20   **qui a insisté pour que celle-ci ne soit pas éparpillée** *who insisted that it should not be scattered*. Note the use of **pour que** after **insister**:

J'insiste pour que tu sois là! *I insist on your being here!*

8.21   **à moins que quelqu'un n'ait une question à me poser** *unless someone has a question to put to me*: **à moins que, de peur que, de**

crainte que (*for fear that*) and sometimes **avant que** are followed by both the subjunctive and **ne**. Ne by itself is also encountered before a verb containing a negative notion:

> Ce problème paraît beaucoup plus difficile qu'il ne l'est en réalité *This problem appears far more difficult than it really is*

Questions

Première partie

1 Comment pourrait-on caractériser l'Impressionnisme?
Mots clef: lumière, fugace, toile, chevalet, atelier, en plein air

2 Faites le résumé de la vie de Monet jusqu'à son déménagement à Argenteuil.
Mots clef: enfance au Havre, Boudin, pinceau, couches de couleur, «La pie», séjour à Londres

3 Que pouvez-vous dire au sujet des tableaux bretons de Monet et des «Nymphéas»?
Mots clef: gamme, fugace, onirique, œuvre ratée, aboutissement

Seconde partie

1 Pourquoi le Musée d'Orsay fait-il toujours «très gare» et quels problèmes se sont-ils posés au cours du réaménagement de la gare en musée?
Mots clef: horloge, poutre en fonte, conserver, restaurateur, étanche, climatisation

2 En dehors de la peinture, que peut-on voir d'autre au Musée d'Orsay?
Mots clef: vue globale, mobilier, maquette, en permanence

3 Comment les tableaux sont-ils exposés au Musée?
Mots clef: nef centrale, aménager, Pompiers, peinture d'avant-garde, face-à-face, collection particulière, éparpiller

Exercice

Put the verbs in italics into the subjunctive:

1 C'est de loin la plus belle œuvre de Matisse que je *jamais voir*.
2 Que vos amis *se faire* voler ou non, franchement, cela m'est égal!
3 Stéphane n'a pas du tout apprécié que nous *arriver* à onze heures passées mardi dernier.

4 Je ne m'attendais pas du tout à ce que Dupont *être réélu*.

5 Hamlet est probablement la pièce la plus connue que Shakespeare *écrire*.

6 Non que je *vouloir* vous incommoder, mais j'aimerais mieux que vous *vous mettre* là.

7 Bien qu' il *s'agir* de la capitale d'un pays, il y a très peu de gens qui *savoir* où se trouve Godthab.

8 Aussi pénible que cela *m'être*, j'ai été obligé de dire ses quatre vérités à Alain quand il est venu me voir la semaine dernière.

Chapitre Neuf

1   Un échange de lettres

téléphonique telephone (*adj.*)
ci-joint enclosed
remise (*m*) discount
montant (*m*) total amount
je vous serais reconnaissant de bien vouloir I should be grateful if you would kindly
expédier to dispatch
biche (*f*) deer
puits (*m*) well
lutin (*m*) gnome
150 F la pièce 150 francs each
nichoir (*m*) nesting box
en rupture de stock out of stock
sous ce pli herewith
expédition (*f*) consignment
s'écouler to go by
livrer to deliver
le surlendemain the next day but one
passer commande de qch à qn to place an order for sth. with s.o.
bon (*m*) **de commande** order form

erreur (*f*) **de calcul** miscalculation
vasque (*f*) **pour oiseaux** bird-bath
600 F l'un 600 francs per item
inutile de le dire needless to say
accuser réception de to acknowledge receipt of
livraison (*f*) delivery
incommoder to inconvenience
dans les locaux on the premises
faire tout son possible to do everything possible
avoir le plus vif regret to very much regret
sur-le-champ immediately
en provenance de coming from
par retour du courrier by return of post
à votre convenance in your favour
dès réception de on receipt of
égarer to mislay
nuire à to harm
grossiste (*m*) wholesaler

EDEN MAGASIN

19, rue Edouard-Quenu
59520 MARQUETTE

Monsieur P. Cluzet
Service des ventes
Société Binette
28, av. Monge
92007 NANTERRE
CEDEX 08

Marquette, le 1er mars 1989

Monsieur

Suite à notre conversation téléphonique de ce matin, je vous envoie ci-joint la liste des articles pour jardin que j'aimerais vous commander. Je suis heureux d'apprendre que vous seriez disposé à m'accorder une remise de 4% sur les commandes dont le montant dépasse 3000 francs. Après consultation de votre dernier catalogue, je vous serais reconnaissant de bien vouloir m'expédier à l'adresse ci-dessus les articles suivants:

15 biches Bambi à 150 F la pièce:	*2250 F*
3 puits miniature à 355 F la pièce:	*1065 F*
10 lutins en plastique à 145 F la pièce:	*1450 F*
	5965 F
−4%	*238,60*
=	*5726,40 F*

J'aurais aimé commander une quinzaine de nichoirs, mais vous dites que vous êtes actuellement en rupture de stock. L'an passé, cet article s'est avéré très populaire auprès de mes clients et j'espère que vous avez toujours l'intention d'en fournir aux détaillants.

Je vous envoie sous ce pli un chèque en règlement de ma commande.

Dans l'attente de recevoir votre expédition dans les meilleurs délais, je vous prie de croire, Monsieur, à l'assurance de mes sentiments les meilleurs.

J-M. Houée

Trois semaines se sont écoulées, et M. Houée n'a toujours pas été livré. Il a décidé de téléphoner chez Binette (SA), mais n'a pas réussi à joindre la personne qui s'occupe de sa commande. Elle serait partie en voyage d'affaires, et son retour n'est prévu que pour le surlendemain. M. Houée décide de lui récrire.

Monsieur

Cela fait maintenant plus de trois semaines que je vous ai écrit pour vous passer commande de divers articles de jardin. La marchandise en question ne m'est toujours pas parvenue, et je considère que les délais qu'on peut normalement accepter ont été dépassés.

Toutefois, je reconnais avoir fait sur le bon de comande une erreur de calcul. J'aurais dû y ajouter : deux vasques en granit pour oiseaux à 600 F l'une, ce qui aurait correspondu à la somme indiquée. Je tiens à vous rappeler également que les nichoirs que vous m'aviez expédiés l'an dernier ont été très appréciés par beaucoup de clients. J'aimerais savoir si vous seriez en mesure de m'en envoyer d'autres. Il s'agit, inutile de le dire, d'un produit qui se vend essentiellement au printemps.

En espérant que vous pourrez me livrer d'ici la fin du mois, je vous prie, Monsieur, d'accepter l'expression de mes sentiments les meilleurs.

J-M. Houée

Au bout de trois jours M. Houée a recu la réponse suivante de la part de M. Cluzet.

BINETTE (SA)

28, av. Monge
92007 NANTERRE CEDEX 08

Monsieur J-M. Houée
9, rue Edouard-Quenu
59520 MARQUETTE

Nanterre, le 27 mars 1989

Monsieur

J'accuse réception de votre lettre du 25 mars et je vous prie d'accepter mes plus sincères excuses pour le retard dans la livraison. J'espère que celui-ci ne vous a pas incommodé outre mesure ni n'a porté préjudice à nos relations d'affaires. Malheureusement, votre bon de commande nous est parvenu le jour même de notre déménagement dans de nouveaux locaux, et l'un de nos employés l'aurait mis dans un dossier appartenant à un autre service. Je reconnais que nous aurions dû faire plus attention.

Depuis lundi, nous faisons tout notre possible pour procéder à l'exécution de votre commande. Cependant, nous avons le plus vif regret de vous informer qu'il ne nous est pas possible de tout vous livrer sur-le-champ. En raison d'une importante commande en provenance du Danemark, il ne nous reste plus de vasque pour oiseaux. Néanmoins, je cherche en ce moment d'autres fournisseurs. Il y aurait une société belge qui fabrique des modèles tout à fait semblables à ceux que vous désirez nous commander. Pourtant, si vous préférez ne pas attendre, veuillez nous le faire savoir par retour du courrier, et nous vous ferons parvenir les autres articles le plus rapidement possible.

La remise sur les commandes dont vous parlez dans votre première lettre est, bien sûr, toujours valable.

Dans l'espoir que tout s'arrangera à votre convenance, je vous prie d'agréer, Monsieur, l'expression de mes sentiments dévoués.

P. Cluzet
Directeur des ventes

Dès réception de cette lettre, M. Houée envoie la réponse suivante à M. Cluzet.

Monsieur

Merci de votre lettre d'hier. Il est, bien sûr, regrettable que quelqu'un ait égaré mon bon de commande, mais je souhaite autant que vous que cet incident ne nuise pas à nos relations futures.

Mises à part les vasques, qui pourraient m'être expédiées à une date ultérieure, j'accepte votre proposition d'un envoi immédiat des autres articles.

Dans votre lettre vous avez omis toute référence aux nichoirs que je tiens toujours à vendre. Veuillez me donner des précisions à ce sujet.

Dans l'attente de recevoir votre expédition, je vous prie d'accepter, Monsieur, l'expression de mes sentiments distingués.

J-M. Houée

Tout s'est arrangé à l'avantage de M. Houée. Trois jours plus tard il a reçu tous les articles, dont les vasques car M. Cluzet a pu en trouver chez un grossiste de Reims. En plus, M. Houée a été fort content de recevoir une quinzaine de nichoirs à titre gratuit.

Language notes

9.1   Je suis heureux d'apprendre *I am happy to hear*: **apprendre** often signifies 'to hear' when information is transmitted:

> J'ai appris une bonne nouvelle hier *I heard a piece of good news yesterday*

9.2   l'adresse ci-desssus *the above address*; **l'adresse ci-dessous** *the address below*; **le graphique ci-contre** *the graph opposite*.

9.3   j'espère que vous avez. Note that **espérer** is not followed by the subjunctive.

9.4   dans les meilleurs délais *as soon as possible*: **délai** is used in many expressions to do with the amount of time allotted to a task:

> Nous sommes en avance sur les délais *We are ahead of schedule*
> Nous sommes en retard sur les délais *We are behind schedule*
> Nous devons le faire dans un délai de deux semaines *We must do it within two weeks*

9.5   SA stands for **Société Anonyme** *public limited liability company*.

9.6   Elle serait partie en voyage d'affaires *He has apparently gone away on a business trip*: **elle** refers back to **personne**, even though we know that it is a man who should be dealing with M. Houée's order.

9.7   Je reconnais avoir fait une erreur de calcul *I acknowledge I made a miscalculation*. In this construction, the subject is not as a rule repeated:

> J'avoue avoir tort   Il a nié être venu
> *I admit I'm wrong*   *He denied he came*

9.8   de la part de M. Cluzet *from M. Cluzet*. On the telephone, **C'est de la part de qui**? means 'Who's calling?'. **De la part de** can also mean 'on behalf of', 'on s.o.'s part', e.g. **Je vous téléphone de la part de M. Dupont; C'est une erreur de ma part**.

9.9   le jour même *the very day*. Note also:

> C'est l'article même que je cherchais *It's the very item I was looking for*

2   Elle ne marche pas!

---

réclamation (*f*) complaint
tondeuse (*f*) lawnmower
brancher sur le secteur to plug into the mains
dévisser to unscrew
rembourser to pay back
avoir (*m*) credit note
espèces (*f. pl.*) cash
à crédit on credit
reçu (*m*) receipt
premier versement down payment
mensualité (*f*) monthly instalment

vis (*f*) screw
tournevis (*m*) screwdriver
lame (*f*) blade
vers le haut upwards
puceron (*m*) greenfly
fléau (*m*) scourge
mode (*m*) **d'emploi** instructions for use
faire l'affaire to do the trick
faire l'appoint to give the exact change
petite monnaie change
tomber en panne to break down

M. Houée   Bonjour, monsieur, que puis-je faire pour vous?

Client   Bonjour. Eh bien, je veux faire une réclamation. Je suis venu ici il y a trois semaines acheter une tondeuse électrique, mais, depuis, je n'ai eu que des ennuis avec! Je l'ai branchée sur le secteur, mais quand je l'ai mise en marche, le truc — comment il s'appelle? — qui sert à ramasser l'herbe coupée, eh bien! il s'est détaché de la tondeuse. J'ai tout dévissé pour voir ce qui se passait et maintenant ça n'arrête pas de tomber. Et ça m'a coûté cher, vous savez.

M. Houée   Je suis désolé pour tous ces ennuis. Voulez-vous que je vous la fasse réparer?

Client   Mais c'est un modèle anglais, non? S'il faut la renvoyer là-bas pour la faire réparer ou même pour l'échanger contre une autre, ça va demander trop longtemps. Vous serait-il possible de me rembourser ou de me faire un avoir?

M. Houée   Comment m'avez-vous réglé? En espèces, par chèque ou avec une carte bancaire?

Client   En espèces. Mais je l'ai achetée à crédit. Voici le reçu pour le premier versement. Je règle les mensualités par chèque.

M. Houée   Vous devez me la rapporter.

Client   Je l'ai amenée avec moi. Elle est dans ma voiture, je vais la chercher. Je n'en ai que pour deux minutes.

(Au bout de deux minutes, le client revient avec la tondeuse)

	… Voilà. D'abord le réceptacle tient à peine.
M. Houée	Laissez-moi voir cela… Mais il manque une vis, c'est tout! Je vais vous arranger cela tout de suite… Voici mon tournevis et une vis de la bonne taille… Maintenant, ça devrait tenir.
Client	Je suis vraiment désolé. Si j'avais su, je l'aurais fait moi-même.
M. Houée	Alors, vous me dites aussi que vous avez du mal à la faire marcher. Voyons un peu cela. Je vais la brancher ici. Vous pouvez me la soulever, s'il vous plaît, pour que les lames ne touchent pas le sol? *(La machine marche)*. Dites-moi, monsieur, pour la mise en marche, vous appuyez sur «ON», n'est-ce pas?
Client	«ON»? Qu'est-ce que ça veut dire?
M. Houée	C'est l'anglais pour «en marche». Quand vous poussez le bouton vers le haut, c'est marqué «OFF», ce qui est le contraire: ça coupe l'électricité.
Client	Oh, vous savez, je ne parle pas anglais. Mais, en tout cas, on n'est pas en Angleterre ici! Bon, passons à autre chose. Qu'est-ce que vous avez comme pesticide? J'ai besoin d'un produit très efficace pour tuer les pucerons. C'est un véritable fléau!
M. Houée	Je crois avoir exactement ce qu'il vous faut. Un paquet devrait suffire, mais il faut lire le mode d'emploi très attentivement! «Verser cent grammes de pesticide dans un demi-litre d'eau».
Client	D'accord, d'accord. J'espère que cela fera l'affaire. Bon, je crois que c'est tout. Combien je vous dois?
M. Houée	Ça nous fait soixante-deux francs en tout.
Client	Oh, je suis désolé, je ne peux pas vous faire l'appoint. Je n'ai qu'un billet de cinq cents francs sur moi.
M. Houée	Vous n'avez pas de petite monnaie? Même pas deux francs?
Client	Non, je ne les ai pas.
M. Houée	Ce n'est pas grave. Tenez, je vous rends quatre cent quarante francs.
Client	Oh! vous êtes bien aimable! Au revoir et merci pour tout!
M. Houée	Au revoir, monsieur, et bonne journée!

Language notes

9.10 **je n'ai eu que des ennuis avec** *all I've had is trouble with it.* It is quite possible to finish a sentence with a preposition such as **avec**, **sans, pour, contre**. What often appears to be 'missing' in these cases to an English ear is usually an impersonal pronoun. Examples:

> Durand est contre ces mesures, mais moi, je suis pour
> Prends un parapluie, car tu ne peux pas sortir sans!

9.11 **comment il s'appelle**?* In spoken French, one often hears the affirmative form of a verb even after an interrogative expression.

9.12 **Voulez-vous que je vous la fasse réparer?** *Do you want me to get it repaired for you?* The indirect object pronoun is often used when the meaning is 'to do sth. for s.o.':

> Pourriez-vous lui traduire cette lettre? *Could you translate this letter for him?*

9.13 **échanger contre une autre** *exchange it for another.* Note the use of **contre**, a proposition which can indicate an exchange, e.g. **Je vous donnerai de l'argent contre votre silence**.

9.14 The customer says **amener** meaning 'bring' and M. Houée says **rapporter** for 'bring back'. The difference could depend on whether the lawn-mower is seen as capable of moving by itself or not (*see* 6.5)! In fact, French speakers very frequently say **amener** and **ramener** when **apporter** and **rapporter** would be more correct, e.g. **Tu peux me ramener*** le livre que je t'ai prêté?

9.15 **Verser cent grammes** *Pour one hundred grammes.* The infinitive may be used as an imperative in written French.

9.16 **Ça nous fait soixante-deux francs en tout** *That comes to sixty-two francs altogether.* **Nous** or **vous** may be heard in this expession as well as no object pronoun at all: **Ça fait soixante-deux francs**.

9.17 **je ne les ai pas** *I haven't got it*: **les** must be used as reference is made to **deux francs**.

9.18 **Bonne journée!** *Have a nice day!*

96 *Elle ne marche pas*

Questions

Première partie

1 Pourquoi M. Houée doit-il écrire deux fois à M. Cluzet?
Mots clef: délais, dépasser, s'écouler, retard, livraison, bon de commande, égarer, déménagmeent, locaux

2 Que dit M. Cluzet au sujet des vasques pour oiseaux et comment le problème est-il résolu?
Mots clef: vif regret, importante commande, d'autres fournisseurs, grossiste

3 Faites le résumé de la troisième lettre de M. Houée.
Mots clef: regretter, nuire à, expédier, date ultérieure, nichoir

Seconde partie

1 Pourquoi le client veut-il faire une réclamation?
Mots clef: tondeuse, défectueux, ennuis, brancher, tomber en panne, se détacher

2 Qu'est-ce qui se passe quand le client rapporte la tondeuse?
Mots clef: réceptacle, tournevis, appuyer sur, mettre en marche

3 Comment le client règle-t-il ses divers achats chez M. Houée?
Mots clef: espèces, à crédit, versement, mensualités, faire l'appoint, petite monnaie

Exercice

Fill in the gaps with one of the following verbs: **amener, emmener, emporter, apporter, remporter, ramener, rapporter.**

1 Si tu veux, je pourrais ...... les enfants au zoo cet après-midi.
2 Même si Christian nous prête la voiture, il faudra la lui ...... le lendemain.
3 Il faut que vous nous ...... un justificatif de vos absences.
4 Le film a ...... un succès extraordinaire auprès du public suisse.
5 J'aimerais deux sandwiches au fromage à ......, s'il vous plaît.
6 Est-ce qu'on a le droit d' ...... son chien au gîte?
7 Qu'est-ce qui vous ...... à croire qu'il ment?
8 Elle a ...... la culture italienne à la cour de France.
9 Il faut que tu ...... cette viande pourrie chez le boucher!
10 Après son procès, l'assassin a été ...... à la prison.

Chapitre Dix

1 La médecine contestée

détenir le pouvoir to hold power
prendre qch pour argent comptant to take sth. at face value
contestataire (m, f) anti-establishment protester
optique (f) perspective
sorcellerie (f) witchcraft
éclairé enlightened
se doter de to become equipped with
infirmier(-ière) nurse
sage-femme (f) midwife
kinésithérapeute (m, f) physiotherapist
chirurgien (m) surgeon
greffe (f) du cœur heart transplant
poumon (m) lung
en toutes lettres in black and white
convention (f) agreement
s'enorgueillir de to take great pride in
rage (f) rabies
à tant de reprises on so many occasions

opposer qch à qch to set sth. against sth.
malade (m, f) sick person
impuissant powerless
contre son gré against one's will
être enclin à to be enclined to
tabagisme (m) tobacco addiction
griffonner to scribble
ordonnance (f) prescription
illisible illegible
de surcroît furthermore
à but lucratif profit-making
faire grief à qn de qch to hold sth. against s.o.
chirurgie (f) esthéthique plastic surgery
hantise (f) (obsessive) fear
sans fondement groundless
salle (f) commune ward
code (m) de déontologie professional code of conduct
médecine (f) parallèle alternative medicine
entrer dans les mœurs to become normal practice
intéressé (e) party concerned

L'un des traits les plus frappants de la personnalité française est sans doute une attitude de méfiance et d'hostilité à l'égard de ceux qui détiennent un pouvoir quelconque et dont les discours sont rarement pris pour argent comptant.

C'est surtout depuis les événements de mai soixante-huit que le corps médical est devenu une cible de choix pour des contestataires, mais à tel point que la pratique médicale s'en est trouvée bien modifiée à plusieurs égards. Pour se faire une idée de cette évolution, cependant, le mieux est de se placer d'abord dans l'optique de « l'histoire officielle » de la médecine.

Face aux critiques, on préférerait faire valoir les extraordinaires progrès réalisés pendant les deux derniers siècles dans le domaine médical. Dès la Révolution, on s'est mis à réorganiser les hospices où, auparavant, les malades avaient été soignés au moyen de méthodes qui relevaient davantage de la sorcellerie que de la science. Au cours du dix-neuvième siècle les centres hospitaliers, placés sous l'autorité d'une administration communale éclairée, se sont dotés d'un personnel spécialisé, comprenant, entre autres, infirmiers, sage-femmes, kinésithérapeutes et chirurgiens. Depuis la même époque les appareils techniques vont en se perfectionnant et permettent maintenant des opérations aussi délicates que la greffe du cœur ou du poumon.

Au niveau financier, on pourrait insister sur l'universalité de la protection accordée par la Sécurité Sociale, sans parler des régimes complémentaires créés par convention et proposés par les Mutuelles et autres organismes. La loi du 22 mai 1946 (inspirée du plan Beveridge) dit en toutes lettres que « tous les Français, sans exception, et quels que soient la nature et le montant de leurs revenus ont le droit à des soins médicaux adéquats. »

Sur le plan de la recherche et des découvertes scientifiques, on pourrait s'enorgueillir de toute une panoplie de savants français. Citons, à ce propos, les noms de Laennec, l'inventeur du stéthoscope, Claude Bernard, grand théoricien de la biochimie, et Louis Pasteur qui découvrit le vaccin contre la rage.

Or, c'est précisément ce tableau « positiviste » qui a été mis en cause à tant de reprises. Au progrès scientifique et aux améliorations matérielles, on opposerait l'idée d'un « pouvoir » abusif qu'exercerait le médecin sur son malade. Dans cette perspective, le patient est quelqu'un d'impuissant qui est placé, parfois contre son gré, entre les mains du médecin. En outre, celui-ci serait souvent enclin à culpabaliser ses malades en prononçant des discours moralisants sur, par exemple, le tabagisme ou les maladies d'origine sexuelle. « Le médecin se donne un droit de jugement sur les gens, » écrit un critique, « se cachant derrière son savoir, et se contentant, pour toute communication avec ses patients, de griffonner une ordonnance souvent illisible.» De surcroît, le médecin aurait tendance à se concentrer sur un seul organe, celui qui «ne va pas» au détriment de l'individu en tant que tel.

Des gens élèvent des critiques virulentes contre les hôpitaux privés. On soutient qu'il est inadmissible que des établissements à but lucratif fassent concurrence au secteur public dans le domaine de la santé. La situation serait d'autant plus scandaleuse que ces cliniques peuvent se faire rembourser à des taux très avantageux. On fait aussi grief aux médecins qui pratiquent la chirurgie ésthethique d'exploiter les hantises sans fondement qu'ont certaines personnes à propos de leur corps.

Les débats que suscite la pratique médicale en France sont loin de s'éteindre. Néanmoins, on peut constater que des changements importants ont déjà eu lieu dans de nombreux domaines. Dans les hôpitaux, on a déjà supprimé les salles communes pour les remplacer par des chambres individuelles. Le malade hospitalisé peut maintenant obtenir l'aménagement de l'horaire des visites, et le code de déontologie actuellement en vigueur oblige les médecins à fournir au malade toutes les informations sur son état de santé et les traitements décidés.

De plus en plus de médecins s'intéressent également aux médecines parallèles comme l'acuponcture et l'homéopathie, qui sont maintenant entrées dans les mœurs. Le médecin d'aujourd'hui se veut également à l'écoute de chacun de ses patients et il est prêt à consacrer plus de temps à chaque cas particulier. En même temps, et dans la mesure du possible, on encourage les gens à se soigner chez eux. En un mot, on assiste à des changements de comportement qui, en fin de compte, ne pourraient qu'être bénéfiques pour tous les intéréssés.

Language notes

10.1   qui détiennent un pouvoir quelconque *who hold any power whatsoever.*

10.2   la pratique médicale s'en est trouvée bien modifiée *medical practice has in fact found itself modified (because of that):* **en** can point to a cause and mean 'on that account'. For example:

> La nouvelle m'a tellement bouleversé que je n'en dors pas *The news has upset me so much that I can't sleep*

10.3 relevaient davantage de la sorcellerie que de la science *had more to do with witchcraft than science*: **relever de** means 'to be the concern of'. Example:

> Les conseils juridiques ne relèvent pas de ce service *Legal advice does not fall within the province of this department*

10.4 les appareils techniques vont en se perfectionnant *technical apparatuses continue to improve*: **aller** + present participle can express a progression. For example:

> Heureusement que mes dettes vont en diminuant *Fortunately my debts (continue to) get smaller*

10.5 les Mutuelles are mutual benefit insurance companies.

10.6 inspirée du *inspired by*. Note the use of **de**, e.g.

> Cet auteur s'inspire des romans de Balzac *This author draws inspiration from Balzac's novels*

10.7 quels que soient la nature et le montant de leurs revenus *whatever the nature and the total amount of their income may be*

10.8 Le médecin se veut également à l'écoute de chacun de ses patients *Today's doctor also strives (lit. wants him/herself) to be attentive to each one of his/her patients*: **se vouloir** (which is not followed by another verb) means 'to wish oneself to be'. A newspaper article once carried the title *Paris se veut San Francisco*!

2 Chez le médecin

généraliste (*m*) general practitioner	**déboucher** to unblock
de garde on duty	**renverser** to spill
cabinet (*m*) surgery	**à base de soude** soda-based
en bonne voie de guérison well on the way to recovery	**caisse** (*f*) **de sécurité** social security fund
guérir to cure	**se faire rembourser de** to get reimbursed for
blessure (*f*) wound, injury	**retraité(e)** retired person
se cicatriser to heal over	**intégralement** in full
béquille (*m*) crutch	**prendre une assurance** to take out an insurance policy
canne walking stick	**lopin** (*m*) **de terre** plot of land
accidenté bumpy	**parer à toute éventualité** to prepare for any eventuality
douloureux painful	
se surmener to overwork	

C'est un dimanche et le Docteur Guthmann, généraliste dans une petite ville du Périgord, est de garde. Mme Bruno, fermière, est dans son cabinet.

Dr Guthmann	M. Bruno est en bonne voie de guérison, alors!
Mme Bruno	Oui, maintenant que la blessure a commencé à se cicatriser. Je lui ai refait un pansement à la cheville et il n'a plus besoin des béquilles. Il arrive à se déplacer à l'aide d'une canne mais c'est dommage qu'il soit tombé sur un terrain si accidenté — et, en plus, avec toute l'herbe qu'on a ici!
Dr Guthmann	En effet, mais en règle générale on se remet assez vite de ce genre d'accident. Dites-moi, Mme Bruno, est-ce que vous vous sentez mieux vous-même? Vous faites toujours les exercices que je vous ai demandé de faire?
Mme Bruno	Oui, j'ai moins mal aux articulations maintenant, mais c'est toujours un peu douloureux. Eh bien, que voulez-vous, à mon âge, quand on se surmène dans une ferme depuis plus de cinquante ans, rien de plus normal qu'un peu d'arthrose! Mais pour revenir à mon mari. Saviez-vous qu'il ne peut pas se...

(Le téléphone sonne)

Dr Guthmann	Excusez-moi! Allo, le Docteur Guthmann à l'appareil.
Voix de femme	C'est Mme Bré, Docteur, Je me suis brûlée et j'ai très mal aux doigts.
Dr Guthmann	Qu'est-ce qui vous est arrivé au juste?
Mme Bré	J'étais en train de déboucher les tuyaux dans la cuisine et je me suis renversé du produit sur les mains.
Dr Guthmann	Il doit être à base de soude. Alors, venez me voir immédiatement.
Mme Bré	Merci, Docteur. A tout de suite.
Dr Guthmann	A tout de suite... Une femme qui s'est brûlé la main avec de la soude.
Mme Bruno	La pauvre!
Dr Guthmann	Cela n'a pas l'air d'être trop grave. Alors, vous disiez à propos de votre mari?
Mme Bruno	Il ne peut pas se faire rembourser par sa caisse de sécurité de tous les soins qu'il a reçus. Pour que

nous soyons couverts à cent pour cent, il faudra qu'on paie deux millions de centimes à la caisse agricole.

Dr Guthmann   Je vous dis, à titre personnel, que je ne trouve pas normal que des gens, des retraités, ne puissent pas se faire rembourser intégralement dans des cas pareils. Je vous conseille vivement, à vous deux, de prendre une assurance adéquate.

Mme Bruno   Il faut que j'y réfléchisse. On a les moyens de le faire avec ce lopin de terre qu'on vient de vendre aux deux Parisiens. Oui, la santé c'est la chose la plus importante et on doit parer à toute éventualité. Tant pis pour la deuxième voiture!

Dr. Guthmann   Je partage votre avis à cent pour cent!

Language notes

10.9   Je lui ai refait un pansement à la cheville *I put a new bandage (redid a bandage) on his ankle.*

(*a*) An indirect personal pronoun is used for describing actions done to parts of the body when the names of the latter are preceded by the definite article: **Je lui ai saisi la main** I seized her hand.

The reflexive form of the verb is used for actions done to parts of the body which belong to the subject of the verb: **Je me suis refait un pansement à la cheville**.

Movements of parts of the body are not expressed by a reflexive verb: **J'ai levé la tête**.

(*b*) When describing states of, or actions done to parts of the body, **à** is the most frequently used preposition. Other prepositions, however, may be employed to give a different nuance. For example:

Jean cachait un morceau de papier *dans* sa main

means that the piece of paper was completely enclosed by his hand.

Jeanne portait une fleur à la main

means that the flower she was carrying was protruding from her hand.

Sur + name of part of the body means 'on', 'over', 'down':

Des larmes lui coulaient sur le visage *Tears were running down his face*

10.10 j'ai moins mal aux articulations *my joints are hurting me less.*
Avoir mal à is the most widely used expression for describing body
pains: **J'ai mal au ventre, aux dents, à la tête, aux pieds,** etc.

10.11 dans une ferme: dans sometimes translates 'on'. Examples:
dans une île, dans le bus, dans le train, dans une assiette.

10.12 In the sentence beginning **Une femme qui s'est brûlé la main,**
there is no extra **e** on **brûlé** because **se** is an *indirect* object (**la main**
being the direct object). However, one must write **Elle s'est brûlée** as
the agreement is now made with **se** which is a feminine *direct* object.
Past participles only agree with preceding direct objects. Similarly:

> Alice s'est acheté une nouvelle maison *Alice has bought herself*
> *a new house*
> Voilà la maison qu'Alice s'est achetée *There's the house Alice*
> *has bought herself*

10.13 deux millions de centimes corresponds to 20,000 new francs.
Even though the new franc was introduced in 1961, almost all
French people speak in terms of old francs (or centimes) for large
sums of money. Ten million new francs is usually referred to as **un
milliard** (*a thousand million*) **de centimes.** The old colloquial word for
a franc, **balle*,** is still in common use, as is **brique,*** which represents
10,000 new francs.

10.14 je ne trouve pas normal *I don't find it right.* Note that you do
not translate 'it'.

Questions

Première partie

1 Faites l'historique de la médecine en France d'un point de vue
« positif ».
Mots clef: hospices, sorcellerie, personnel spécialisé, appareils,
soins, sécurité sociale, savants français

2 Et que diriez-vous si vous n'étiez pas d'accord avec cette version ?
Mots clef: pouvoir, culpabiliser, hôpitaux privés, chirurgie esthétique

3 Comment la médecine a-t-elle évolué depuis les années soixante-
dix ?
Mots clef: salles communes, horaires des visites, code de déontologie, médecines parallèles, se soigner chez soi

Seconde partie

1 Qu'est-ce qui est arrivé à M. Bruno et quel est son état de santé actuel?
Mots clef: terrain accidenté, se faire mal à, cheville, se cicatricer, canne

2 Quel est l'état de santé de Mme Bruno? Et qu'est-ce qui vient d'arriver à Mme Bré?
Mots clef: articulations, douloureux, arthrose, se brûler, à base de soude

3 Que disent Mme Bruno et le Docteur Guthmann au sujet de l'assurance médicale de M. Bruno?
Mots clef: se faire rembourser, caisse de sécurité, être couvert, prendre une assurance, lopin de terre, parer à toute éventualité

Révision: Chapitres 1 à 10

Traduisez les phrases suivantes en français:

1 Most people who go to the Alps at this time of year spend one week in a skiing resort.
2 You shouldn't have paid so much for your meal.
3 The camp site is a twenty-minute drive away from the nearest beach.
4 Where can I get my hair cut around here?
5 It isn't half hot! I really don't feel like staying in the sun!
6 We could have rented a villa if there had been more of us.
7 Everybody went round the outside of the cathedral before going down into the crypt.
8 Where have we got to in the book? We're on page twenty-two.
9 He must have forgotten to lock the door.
10 Eric had broken his arm which meant that he couldn't attend the lecture.
11 It didn't look as if war were about to break out.
12 What you're saying has got nothing to do with what I've just told you!

Part III

Chapitre Onze

1   Coup d'œil sur le sport

jeter un coup d'œil sur to take a glance at
déferler sur to sweep over
musculation (*f*) body-building
bronzage (*m*) suntan
gymnase (*m*) gymnasium
lubie (*f*) fad
garder la forme to keep fit
dédain (*m*) disdain
disputer un match contre to play a match against
cloué devant son poste de télévision glued to one's TV set
fuser to burst forth
s'y prendre to set about it
marquer un but to score a goal
maîtrise (*f*) mastery
remporter un match to win a match
klaxonner to sound one's horn
arbitre (*m*) referee
adverse opposite
partisan(e) supporter
téléphérique (*m*) cable-car
pôle (*m*) **d'attraction** magnet

saut (*m*) jump
tremplin (*m*) ski-jump
frisson (*m*) thrill
tonifiant exhilarating
en solitaire on one's own
championnat (*m*) championship
à n'en pas douter without any doubt
recordman(-woman) record-holder
piste (*f*) track
au total in total
épopée (*f*) epic
traître treacherous
col (*m*) mountain pass
tant bien que mal as well as could be expected
forgeron (*m*) blacksmith
entrer vivant dans la légende to become a living legend
pétanque (*f*) French bowls (game)
platane (*m*) plane tree
cochonnet (*m*) jack used in French bowls

La vague de nouvelles pratiques sportives, depuis le jogging jusqu'aux arts martiaux, qui a déferlé sur l'Hexagone au cours des dernières années, a incité un critique à dénoncer « la vogue du culte du corps et de la musculation, ... cette course à la beauté plus qu'à la santé... Notre époque est celle du ventre plat et d'un bronzage avancé.» Il est certes incontestable que la mode et le refus de vieillir ont leur part dans cette explosion de gymnases, de tennis, et autres centres sportifs, mais, en même temps, il ne faut pas confondre des lubies passagères avec le désir de garder la forme, ni avec le sport en tant que tel, qui, lui, est souvent aux antipodes d'une quelconque mode.

Prenons l'exemple du football qui fut longtemps l'objet du dédain des gens «comme il faut». Maintenant plus d'un million de Français inscrits à vingt mille clubs jouent au «foot», et quand la France dispute un match important contre une autre équipe nationale, le pays tout entier reste cloué devant son poste de télévision. A la mi-temps, les commentaires et les analyses fusent : tel joueur ne s'y prend pas comme il faut, tel autre a raté une occasion rêvée de marquer un but, et un troisième n'a pas la maîtrise parfaite du ballon. Si la France remporte le match, on entend klaxonner dans les rues et si elle perd, c'est que l'arbitre a eu un préjugé en faveur de l'équipe adverse !

Il y a d'autres sports qui comptent des centaines de milliers de partisans — dont énormément de femmes. Depuis que le premier téléphérique destiné aux skieurs a été ouvert dans les Alpes en 1933, les stations de sports d'hiver sont devenues un pôle d'attraction irrésistible pour les Français. Néanmoins, le ski montre aussi le décalage qui peut exister entre le sport de compétition, parfois réservé aux professionnels, et celui pratiqué par de simples vacanciers. Pour les premiers, il y a les frissons que procurent le saut sur tremplin ou le slalom. Pour les seconds, il y a la sensation tonifiante de la descente, doublée le plus souvent de la sensation moins exaltante d'une chute dans la neige ! Il ne faut pas oublier non plus les gens de plus en plus nombreux qui prennent goût au ski de fond, sport qui leur permet de découvrir en solitaire ou en petits groupes le monde silencieux et féerique de vallées isolées par la neige.

Le cyclisme est un autre sport qu'il est impossible de passer sous silence, car il suscite autant d'intérêt auprès du public français que le cricket chez les Anglais ou le baseball chez les Nord-Américains. Beaucoup de championnats ont lieu tous les ans en France, mais l'épreuve cycliste la plus suivie est, à n'en pas douter, le Tour de France. Le Tour remonte à 1903 quand Henri Desgranges, recordman sur piste, décida d'organiser une course divisée en plusieurs étapes et étalée sur un certain nombre de jours. Actuellement, les participants sont répartis en plusieurs équipes, mais il y a un seul

Le stem amont
Tandis que vous glissez en traversée, écartez le ski amont en position convergente. Effectuez plusieurs répétitions du mouvement au cours de la traversée.

Le stem aval
Toujours en traversée, vous écartez le ski aval en position convergente. Pour ouvrir, faites déraper le talon par une pression latérale, jambe aval légèrement fléchie. Gardez le ski amont à plat sur la neige.

gagnant, celui qui au total aura mis le moins de temps à couvrir toutes les étapes.

Le Tour de France a été qualifié d'épopée des temps modernes et les anecdotes abondent qui racontent les comportements héroïques (ou traîtres) de certains concurrents. L'un des premiers drames à frapper un coureur se produisit en 1913 quand la bicyclette d'un champion, Eugène Christophe, se cassa lors du passage d'un col. Christophe, connu du public sous le nom du «Vieux Gaulois», fut obligé de marcher tant bien que mal jusqu'à un village où se trouvait un forgeron. Mais les organisateurs interdirent à celui-ci de réparer la bicyclette du malheureux champion qui, de ce fait, perdit toute chance de remporter le Tour. Mais il s'agit là d'une défaite qui vous fait entrer vivant dans la légende!

Il y a des sports qui exigent beaucoup moins d'efforts physiques. Quoi de plus agréable, en effet, qu'une partie de pétanque sous les platanes d'un village du Midi, pays d'origine de ce sport? Les règles sont des plus simples: on trace sur le sol un cercle où on pose les pieds et d'où on lance le cochonnet. Tout en essayant d'écarter celles de son adversaire, il faut ensuite envoyer une boule vers le but, l'équipe qui gagne étant celle dont les boules sont le plus près du cochonnet. Voilà bien un sport qui peut être pratiqué par des gens de tous âges et où on ne s'essouffle point!

Language notes

11.1 depuis le jogging jusqu'aux sports martiaux: depuis ... jusqu'à can mean 'from (one thing) to another'.

11.2 On account of its shape, France is sometimes referred to as **l'Hexagone**.

11.3 course à la beauté *race for beauty*. Note the use of **à**. Similarly: **la course aux armements** *the arms race*.

11.4 As well as designating the sport, the word **tennis** can also refer to a tennis court and to tennis shoes: similarly, **un golf** *golf course*.

11.5 centres sportifs *sport centres*; **Je ne suis pas très sportif** *I'm not much of a sportsman*.

11.6 inscrits à *registered with*; **Je me suis inscrit aux cours de russe** *I've put my name down for the Russian classes*.

11.7 jouer au « foot »* *play football*. Note the use of **à** for playing games. To play a musical instrument is **jouer de: Ma sœur joue du piano**. (**Pratiquer un sport** *to play a sport*.)

11.8 tel joueur ... tel autre *this player ... that one*. If one were talking about particular footballers, then one would say **ce joueur-ci ... celui-là**.

11.9 **Un ballon** is a large ball as used in rugby or football (also a balloon). A small ball as used in tennis or cricket is **une balle**.

11.10 Pour les seconds *For the latter*. If **second** rather than **deuxième** is used, the implication is that there are no more than two items in a series (e.g. **la Deuxième République; le Second Empire**).

11.11 chez les Anglais *with the English*: **chez** is frequently used in this sense with the names of groups of people; the preposition is also placed before proper names to refer to the works of individuals (e.g. **chez Zola** *in Zola's works*).

11.12 **connu du public** *known to the public*. Note the use of **de** in this expression.

11.13 **Quoi de plus agréable?** *What could be more agreable?*: **quoi de plus** is a widely used phrase in such rhetorical questions.

11.14 **Les règles sont des plus simples** *The rules couldn't be easier*: **des plus** is often used to stress an adjective.

11.15 **on ne s'essouffle point** *one doesn't get out of breath*: **ne . . . point** is a somewhat literary way of emphasising a negation.

2   Sur les pistes

petite amie girlfriend	**assis** in a sitting position
météo* (*f*) weather forecast	**fesse** (*f*) buttock
éclaircie (*f*) bright spell	**raide** stiff
télésiège (*m*) chairlift	**virer** to turn
moche* awful, ugly	**se relever** to get up (again)
pente (*f*) ski slope	**dérapage** (*m*) skid
sapin (*m*) fir	**ski** (*m*) **amont** uphill ski
virage (*m*) bend, turn	**s'en faire** to worry

Arnaud Sala et sa petite amie Françoise Dupuis sont dans une station de sports d'hiver dans les Alpes. Un moniteur, Jean-Marie Martin, est en train de leur donner un cours de ski. C'est la première fois qu'Arnaud et Françoise goûtent aux plaisirs de la neige.

Jean-Marie	Par temps clair, on voit jusqu'au Mont Blanc d'ici, mais aujourd'hui il y a trop de brouillard. Mais selon la météo il devrait y avoir quelques éclaircies plus tard.
Françoise	C'est dommage qu'on ne puisse pas voir le Mont Blanc! Mais de toutes manières avec tous ces télésièges, je trouve ça plutôt moche.
Arnaud	T'aurais aimé te taper deux cent mètres de montagne à pied?
Jean-Marie	Bon, commençons! Alors nous sommes maintenant sur une pente relativement douce. Vous voyez les sapins là-bas?

Françoise	Où ça ?
Arnaud	Juste au-delà du refuge.
Françoise	Bon, si vous me dites que ce sont des sapins, je veux bien vous croire !
Jean-Marie	Nous allons partir en direction des arbres et après nous essaierons d'effectuer un virage comme je vous l'ai montré hier. Je vais vous suivre ! Vas-y ... va de l'avant, Françoise.
Françoise	D'accord, mais franchement, je me sens un peu mal à l'aise. Ça tombe à pic là-bas !

(Ils démarrent)

Jean-Marie	N'ayez pas peur ... Vous pouvez avoir confiance en vous ... Tenez-vous bien. Il faut que vous soyez un peu plus assis ... les fesses en arrière ... Ecartez un peu plus les skis. Baisse-toi un peu plus, Françoise.
Françoise	Comme ça ?
Jean-Marie	Non, tu es un peu trop raide. Sois un peu plus souple. Alors, garde ton poids sur le ski aval.
Françoise	C'est lequel le ski aval ?
Arnaud	Celui qui est du côté de la vallée.
Françoise	Ah oui, je m'en souviens.
Jean-Marie	Maintenant, laissez-vous virer. Allez-y. C'est très bien, Arnaud. Françoise, mets ton poids sur l'autre ski. Mais non, ne te relève pas. Tu es trop raide, le poids sur l'autre ski !
Françoise	Mais je n'y arrive pas ! Je vais tomber !
Jean-Marie	Ne panique pas. Fais un dérapage. Serre les skis, donne un petit coup de genou et remonte vers la montagne. Ne reste pas sur le ski amont !
Françoise	Le ski amont ... Je n'y comprends rien !

(Elle tombe et pousse un cri)

Arnaud	Tu t'es pas fait trop mal ?
Françoise	Non, mais j'en ai marre, marre, marre ! Je t'avais bien dit qu'on aurait dû aller à la Martinique.
Arnaud	Oui, pour faire du ski nautique !
Françoise	Comme tu es drôle !
Jean-Marie	Ça va ? ... T'en fais pas, Françoise, tout le monde tombe au début ! Mais à part ça, c'est très chouette, non !
Françoise	Oui, c'est vachement marrant !

Language notes

11.16 Par temps clair *In clear weather*. Note the use of **par**:

> On ne peut pas sortir par un temps pareil! *We can't go out in such weather*

11.17 T'aurais aimé* *You would have liked*. The contraction of **tu** before a vowel is grammatically incorrect but frequently heard. This elision may be accompanied by the further omission of **ne: T'as pas* le journal d'hier par hasard?**

11.18 te taper* deux cent mètres *slog two hundred metres*. The verb **se taper** often implies that a task requires much effort: **Je ne veux pas me taper tout ce travail!**

11.19 Où ça? *Where exactly?* Similarly, **Comment ça?** *How come?* **Qui ça?** *Who do you mean?*; **Quand ça?** *When was that?*

11.20 Vas-y ... va de l'avant *Go on ... go on ahead* Verbs whose infinitives ends in **er** take an **s** in the **tu** imperative form only when followed by **y** or **en** (and when these two words in turn are not followed by an infinitive):

> Donne du pain à Jean   Donnes-en à Jean
> *Give Jean some bread*   *Give some to Jean*

11.21 Ça tombe à pic *It's a sheer drop*: **tomber à pic** also means 'to come just at the right moment'.

11.22 n'ayez pas peur *don't be afraid*. The few irregular imperatives in French are modelled on the subjunctive:

> avoir (aie/ayez)   être (sois/soyez)   savoir (sache/sachez)

11.23 Tenez-vous-bien *Get into the right position* (lit. *Hold yourselves well*). In the affirmative imperative, the pronouns of all reflexive verbs come after the verb; in the negative imperative these pronouns precede the verb. **Toi** in the affirmative becomes **te** in the negative:

> tiens-toi bien   ne te tiens pas comme ça
> assieds-toi là-bas   ne t'assieds pas
> **toi** becomes **t'** in **va-t'en!** (*go away!*).

The other personal pronouns and **y** and **en** are also placed after the verb in the affirmative imperative and before the verb in the negative imperative. Examples:

Rends-le-lui!	Ne le lui rends pas
Give it back to him!	*Don't give it back to him*
Prêtez-lui-en!	Ne lui en prêtez pas!
Lend him some!	*Don't lend him any!*

Moi in the affirmative imperative becomes **me** in the negative imperative: **dis-le-moi!**, **ne me le dis pas!** (Note too that the third person pronoun **le** comes before **moi** but after **me**; similarly, **montrez-les-nous!**, **ne nous les montrez pas!**)

Finally, **moi** becomes **m'** before **en** (**donnez-m'en**) but the French prefer to avoid this construction and use another expression instead (e.g. **pouvez-vous m'en donner**). All of the above examples show the use of the hyphen in the affirmative forms.

11.24 donne un petit coup de genou *flick your knees*: **coup** often refers to body movements, e.g. **donner un coup de pied** *to kick*; **donner un coup de bec** *to peck*; **donner un coup de poing** *to punch*.

11.25 T'en fais pas *Don't get worked up. See* **11.17.**

Questions

Première partie

1 Faut-il distinguer entre le sport en tant que tel et «la vogue du culte du corps»?
Mots clef: course à la beauté, vieillir, lubie, l'exemple du football, sports populaires, inscrits à

2 Que pouvez-vous dire au sujet du ski en France?
Mots clef: stations de sports d'hiver, sport de compétition, tonifiant, ski alpin, ski de fond

3 Qu'est-il arrivé à Eugène Christophe?
Mots clef: coureur, col, se casser, forgeron, interdire, remporter, la légende

Seconde partie

1 Quelle est l'attitude de Françoise et d'Arnaud au début du dialogue?
Mots clef: enthousiaste, moche, mal à l'aise, peureux

2 Quelles sont les instructions que Jean-Marie donne à Françoise et à Arnaud?

Mots clef: aller de l'avant, se tenir, fesses, ski aval, se laisser virer, poids, raide, souple

3 Françoise panique, et ensuite?

Mots clef: dérapage, coup de genou, ski amont, chute, en avoir marre

Exercice

Make imperative statements out of the following sentences. e.g.
Vous devez le faire maintenant — Faites-le maintenant.

1 Tu dois t'en aller.
2 Vous ne devez pas vous asseoir par terre.
3 Tu ne dois plus lui en parler.
4 Il faut que vous le sachiez.
5 Vous devez être là à cinq heures pile.
6 Vous ne devez pas m'en vouloir.
7 Tu ne dois pas en avoir peur.
8 Tu dois te laver les mains.
9 Vous ne devez pas vous faire couper les cheveux.
10 Vous devez vous en acheter un autre.

Chapitre Douze

1   Le fromage

mot (*m*) d'esprit witty remark
notoriété (*f*) fame
confins (outermost) borders
gaulois Gallic
chèvre (*f*) goat
brebis (*f*) ewe
Aix-la-Chapelle Aachen
souper to dine
approbation (*f*) approval
à l'origine at the beginning
c'est dire which goes to show
lait (*m*) cru non-pasteurised, un-
   treated milk
procédé (*m*) process
produits (*m*) laitiers dairy produce
plâtre (*m*) plaster
camembert   bien   fait/coulant
   ripe/runny camembert

fromager(-ère) cheesemonger
affiner un fromage to mature a
   cheese
ongle (*f*) finger nail
jusqu'au bout des ongles to the
   tips of one's fingers
se formaliser de to become of-
   fended at
rehausser to enhance
saveur (*f*) flavour
fromage   à   pâte   dure/molle
   hard/soft cheese
entamer un fromage to start
   upon a cheese
les bienséances (*f. pl.*) the rules
   of etiquette
fourchette (*f*) fork
à cheval sur fussy about

Le fromage, au même titre que le vin, occupe une place très importante dans la conscience nationale des Français et, comme on pourrait s'y attendre, les aphorismes ou mots d'esprit un peu cocorico à
son sujet ne manquent pas. Citons-en deux: « Un repas sans fromage
est comme une belle à qui il manque un œil », dit Brillat-Savarin,
célèbre gourmet du début du dix-neuvième siècle, et, plus proche de
nous, Jean Cocteau affirme: « Un peuple qui a produit cent quatre-
vingts variétés de fromages ne peut pas être sur son déclin ». D'autres
diraient que la France en produit davantage encore, mais, quoi qu'il
en soit, il s'en trouve certainement un nombre suffisant pour tous les
goûts.

La notoriété des fromages produits sur le territoire français remonte à des temps immémoriaux, car même les Romains, peuple gourmand s'il en fut, en faisaient transporter jusqu'aux confins de leur empire. Les fromages gaulois étaient fabriqués avec du lait de chèvre ou de brebis, le lait de vache ayant été utilisé beaucoup plus tard.

Le lait de brebis sert toujours à la fabrication de l'un des fromages les plus anciens de France, à savoir le roquefort. D'après la légende, ce fromage commença à être connu après que Charlemagne eut soupé chez l'évêque d'Albi. Celui-ci offrit du roquefort, avec sa célèbre moisissure, à l'Empereur qui voulut l'ôter avec son couteau. L'évêque l'en empêcha en expliquant qu'il fallait manger le fromage tel quel, ce que fit l'empereur: il y prit goût à tel point qu'il décida de s'en faire envoyer deux caisses par an à son palais d'Aix-la-Chapelle!

Plus de mille ans plus tard, ce fut le tour du camembert d'être l'objet de l'approbation impériale lorsque la fille de Marie Harel, paysanne normande, baptisée «la mère du camembert», en offrit à Napoléon III. A l'origine, le camembert n'avait pas la couleur qu'on lui connaît actuellement car il était un fromage bleu, comme le roquefort. Un médecin américain en donna à ses malades qui s'en portèrent beaucoup mieux, et, en reconnaissance de ses succès, il fit élever à Marie Harel une statue qui fut inaugurée en 1928 par un ancien président de la République—c'est dire l'importance exceptionnelle que les Français attachent au fromage!

Comme beaucoup d'autres fromages, le camembert est aujourd'hui fabriqué en d'énormes quantités, le plus souvent avec du lait pasteurisé plutôt qu'avec du lait cru. De l'avis d'un gastronome: «Les

procédés industriels rendent les produits laitiers modernes plus fades et si les cantines réclament des camemberts 'en plâtre', dont on peut tirer huit portions parfaites, nous nous refusons à considérer cela comme un progrès.» Quelle honte cela serait, en effet, si on ne pouvait plus demander, selon ses préférences, un camembert bien fait ou coulant!

Même si des gens peuvent s'y habituer, d'autres font tout leur possible pour résister à cette baisse de qualité des fromages français. Certains fromagers achètent uniquement des fromages au lait cru, qu'ils affinent par la suite dans leurs caves, même en plein cœur de Paris. De tels fromagers sont des professionnels jusqu'au bout des ongles, toujours prêts à donner des conseils à leurs fidèles clients même si leurs recommandations divergent parfois. Tantôt on vous dira qu'il ne faut absolument pas garder le fromage au réfrigérateur et tantôt que de telles méthodes de conservation sont parfaitement admissibles. Tel fromager trouve scandaleux qu'on mange le fromage avec du beurre et après le dessert à la manière des Anglais, mais tel autre ne se formaliserait pas outre mesure de ces habitudes alimentaires. Les opinions divergent moins en ce qui concerne le vin qui accompagne le fromage. En règle générale, le vin (pas forcément du rouge, d'ailleurs) doit avoir le même caractère que celui dégusté lors du plat principal, mais si l'on choisit d'en changer, il doit être plus fort. Un bon fromage rehausse souvent la saveur d'un vin très quelconque mais le meilleur fromage imaginable ne peut jamais mettre en valeur un très grand vin.

On doit offrir à ses invités un assortiment de fromages, par exemple un chèvre à pâte dure et deux ou trois autres à pâte molle. Dans ce cas, il faut poser deux couteaux sur le plateau, l'un pour les fromages forts et l'autre pour les fromages plus doux. Quant à la présentation, on ne doit jamais proposer de fromage déjà entamé. Les bienséances exigent que le fromage se mange avec un couteau et une fourchette, mais si l'on n'est pas très à cheval sur ces questions, on peut se servir d'un couteau et porter le fromage à la bouche avec les doigts. Après tout, l'important est qu'il y arrive!

Language notes

12.1 comme on pourrait s'y attendre *as could be expected*: **s'attendre** is followed by the preposition **à** and as the neuter **le** is also required (to give the literal translation 'as one could expect it'), then **y** must be used. **Y** can also stand for **à** +noun phrase, or **à** +

infinitive:

> Je dois réfléchir à ce que vous venez de me dire *I must think about what you've just told me*
>
> Je dois y réfléchir *I must think about it*
>
> Est-ce que la loi l'autorise à agir ainsi? *Does the law authorise him to act in such a way?*
>
> Est-ce que la loi l'y autorise? *Does the law authorise him (to do that)?*

Note the use of **y** in such common expressions as: **Te n'y comprends rien** *I don't understand anything about it*; **N'y touchez pas** *leave it alone*; **J'y travaille** *I'm working at it*.

12.2   mots d'esprit un peu cocorico *somewhat patriotic witticisms*: **cocorico** ('cock-a-doodle-doo') is the sound made by France's national emblem, hence its meaning here.

12.3   à son sujet *about it*. Note the use of the possessive adjective before **sujet**:

> Il n'a pas dit grand-chose à leur sujet *He didn't say much about them.*

12.4   ne manquent pas *are not lacking*. With this meaning, **manquer** is often used in the impersonal form and with an indirect personal object: **Il leur manque le sens de l'humour**.

12.5   la France en produit davantage encore *France produces even more*: **en** must be used before a verb accompanied by a word that designates a quantity and which would otherwise be followed by **de**.

12.6   il s'en trouve *there are some (of them)*.
(*a*) **en** here stands for **de, de la, du, des,** + noun (**il se trouve des fromages**).
(*b*) **il se trouve** is a third person locution with a similar meaning to **il y a** (comparable expressions are **il existe** and **il est**).

12.7   peuple gourmand s'il en fut *an Epicurean people if ever there was one*.

12.8   sert toujours à *is still used for*. Do not confuse **servir à** with **servir de** which means 'to act as' (e.g. **Il leur a servi de guide** *He acted as guide for them*).

12.9   L'évêque l'en empêcha *The bishop prevented him (from it)*: **en** can stand for **de** + verb or noun phrase (**L'évêque l'empêcha de l'ôter**).

Here is a further example:

> Vous devriez vous occuper des factures qu'on vous a envoyées
> *You should see to the invoices you were sent*
> Vous devriez vous **en** occuper *You should see to them*

However, when reference is made to people, **de** and a disjunctive pronoun are very frequently used:

> Je devrais m'occuper des enfants — Je devrais m'occuper **d'eux**

12.10   s'en faire envoyer deux caisses *have himself sent two crates.* *See* 4.17.

12.11   la couleur qu'on lui connaît actuellement *the colour that we associate with it today.* Note the use of the indirect object pronoun in this expression.

12.12   qui s'en portèrent beaucoup mieux *who were much the better for it. See* 10.2.

12.13   c'est dire l'importance *which shows the importance.*

12.14   dont on peut tirer *from which can be drawn*: **dont** may stand for **de quoi, de qui, duquel**. The word causes most trouble when there is no sense of 'from' or 'of' in the corresponding English version:

> C'est une remarque dont je me souviendrai (**se souvenir de**) *It's a remark I shall remember*
> C'est un outil dont on ne se sert plus (**se servir de**) *It's a tool that is no longer used*

However, in the interrogative form and in semi-interrogative sentences, **de qui** and **de quoi** are used: **De qui parlez-vous? De quoi parlez-vous? Je veux savoir de quoi vous parlez; Dites-moi de qui vous parlez**.

12.15   s'y habituer *get used to it.* **Y** cannot stand for a person; when people are referred to after a reflexive verb followed by **à**, the disjunctive pronouns are used:

> Je ne peux pas m'habituer à ce personnage — Je ne peux pas m'habituer à **lui**

12.16   résister à cette baisse de qualité *resist this drop in standards.* Note the use of **à** after **résister**; among similarly constructed verbs that may still cause problems for non-beginners are **obéir à, désobéir à, ressembler à, survivre à , plaire à** and **déplaire à**.

12.17   tantôt ... tantôt *sometimes ... sometimes.*

12.18 **en changer**: **en** is required here as 'to change sth' is **changer de qch** (e.g. **nous avons changé de train à Bordeaux**) Note too that the noun after **de** is in the singular.

12.19 **un chèvre** *a goat's cheese*. The animal is **une chèvre** but its cheese is in the masculine gender as it stands for *un* **fromage de chèvre**.

12.20 **Les bienséances exigent que le fromage se mange** *The rules of etiquette demand that cheese be eaten*. The reflexive form of a verb may be used instead of the impersonal **on** or a passive construction when there is a notion of conforming to certain rules:

> Ce nom ne se met pas au pluriel *This noun cannot be put into the plural*

12.21 **qu'il y arrive**: **y** can stands for **dans** + noun (i.e. in this case **dans sa bouche**).

2   Chez le fabricant de fromage

fromagerie (*f*) cheese dairy	**déchet** (*m*) waste product
reportage (*m*) (press, radio) report	**sous-produit** (*m*) by-product
bidon (*m*) milk churn	**rentabiliser qch** to make sth profitable
magnétophone (*m*) tape-recorder	**bassine** (*f*) bowl, basin
décharger unload	**présure** (*f*) rennet
traire to milk	**caillage** (*m*) curdling
la CEE **(Communauté Economique Européenne)** EEC	**extraire** to extract
paperasse (*f*) paper-work, red tape	**étagère** (*f*) shelf
PME **(petite ou moyenne entreprise)** small or medium-sized company	**affinage** (*m*) refining
	emballage (*m*) packing, packaging
pour ainsi dire so to speak	**primer** to award a prize to
écrémer to cream	**séance** (*f*) **de dégustation** tasting session
	priser to prize, value

Thomas Duquesne est sur le point de faire visiter sa fromagerie à Corinne Launay qui fait une série de reportages sur les métiers traditionnels du pays pour un journal régional.

Corinne   Une petite seconde, que je mette le magnétophone en marche. Ça y est. Alors, je vois beaucoup de bidons vides ici.

Thomas	Oui, le lait est ramassé chez les fermiers du coin dans des bidons et on les décharge ici. Rien n'a vraiment changé à ce niveau-là, sauf qu'on ne trait plus les vaches à la main, bien sûr. Et, en plus, il y a la CEE.
Corinne	Vous avez des problèmes sur ce plan-là?
Thomas	En ce qui concerne le lait et les autres produits laitiers, il ne faut pas qu'on dépasse les quotas fixês par Bruxelles. Les fermiers reçoivent un tas de formulaires, ce qui ne nous arrange pas, vous savez, parce que c'est à nous autres acheteurs de les leur faire remplir! C'est dingue. Vraiment trop de paperasse, surtout pour une PME. Mais pour en revenir aux fromages... Nous n'avons pas de lait pasteurisé ici, uniquement du lait cru comme au bon vieux temps, ce qui veut dire qu'on ne tue pas les bactéries. Nous fabriquons un fromage vivant, pour ainsi dire.
Corinne	Mais au niveau de l'hygiène?
Thomas	Aucun problème de ce point de vue-là. On doit surveiller le lait de très près, c'est tout.
Corinne	Je vois, alors quand le lait arrive...
Thomas	Quand le lait arrive, il doit être écrémé et réchauffé. Nous vendons la crème sur place à des détaillants, et il en va de même des déchets qu'on vend à des élevages de porcs. On leur fait un prix.
Corinne	Ce sont donc des sous-produits que vous cherchez à rentabiliser en quelque sorte. Mais pour vous, qu'est-ce qui se passe après l'écrémage?
Thomas	Le lait est réparti dans ces grosses bassines là-bas. Il faut y mettre de la présure pour que le caillage s'effectue.
Corinne	La présure, le mot me dit quelque chose, mais c'est quoi au juste?
Thomas	C'est une substance qu'on extrait de l'intestin du veau.
Corinne	Ah oui, je m'en souviens maintenant. Et le fromage, il est prêt après le caillage?
Thomas	Ah non, loin de là! C'est comme du yaourt! Il faut qu'il passe par d'autres étapes. On doit le couper en de petits carrés qu'on met à égoutter et qu'on place ensuite sur des étagères dans la salle d'affinage. On va y passer tout de suite.

(Trente secondes plus tard)

Corinne	Il fait sensiblement plus humide et plus chaud ici, et ça

sent vraiment le Pont-l'Evêque maintenant. Les fromages restent ici combien de temps?

Thomas Jusqu'à ce qu'ils soient prêts pour l'emballage, c'est-à-
dire trois ou quatre semaines. En voilà qui sont déjà
bien faits. Voulez-vous que je vous en coupe un morceau?

Corinne Avec plaisir.

Thomas Voilà. Goûtez-y!

Corinne Hmm, c'est délicieux. Dites, votre fromage a été primé
récemment, n'est-ce pas?

Thomas C'est ça, lors d'une séance de dégustation l'année
dernière. On en est très fier.

Corinne J'imagine. Donc, votre marque, *L'Évêque qui rit* doit
être très connue?

Thomas Mais bien sûr qu'elle est connue. Nos fromages sont
très prisés... on se les arrache un peu partout!

Language notes

12.22   Une petite seconde* que je mette le magnétophone en marche
Just a second while I start the tape-recorder. Note the use of **que** +
subjunctive:

Attends que ton père revienne *Wait for your father to get back*

12.23   on ne trait plus les vaches à la main *cows are no longer milked
by hand*: **à** + definite article expresses the means by which something
is done on a general level (e.g. **l'herbe est coupée à la machine**; **on doit
l'écrire à l'encre**).

If one is being more specific, then **avec** is normally used:

Je coupe l'herbe avec une tondeuse japonaise *I cut the grass
with a Japanese lawnmower*

But if this specificity refers to an action accomplished by part of
the body, **de** is used:

Il a coupé l'herbe d'une main rapide

12.24   ce qui ne nous arrange pas *which doesn't help us.* Note also:

Même s'il vient, cela n'arrangera rien *Even if he comes, that
won't help matters*

124   *Chez le fabricant de fromage*

12.25   **c'est à nous autres acheteurs** *it's up to us purchasers*; **c'est à vous de décider** *it's up to you to decide* (*see also* 6.22).

12.26   **de les leur faire remplir** *to get them to fill them in.* A direct object pronoun is placed before the third person indirect object pronouns, **leur** and **lui** (**je le lui ai donné** = *I've given it to him*). In other cases, the direct object pronoun is placed after the personal indirect object pronoun. Examples:

> Tu ne nous les as pas encore rendus *You haven't given them back to us yet*
> Le voleur me l'a arraché des mains *The thief snatched it from my hands*

12.27   **pour en revenir aux fromages** *to return to cheeses*: **en** here can be considered to refer to a stage in a discussion. *See* 3.12.

12.28   **élevages de porcs** *pig farm*; **éleveur de porcs** *pig farmer*: **élever** means 'to bring up' (a child) or 'to breed' (an animal).

12.29   **On leur fait un prix** *We sell to them at a reduced price.* Note also:

> Si j'en achète cinq, vous pouvez me faire un prix? *If I buy five of them, can you lower the price?*

12.30   **Il faut y mettre de la présure** *Some rennet has to be put in it.* *See* 12.21.

12.31   **le mot me dit quelque chose** *the name rings a bell*; **son nom ne me dit rien** *his name doesn't ring a bell.*

12.32   **qu'on met à égoutter** *which we lay out to drain.* Note also:

> Il faut mettre le linge à sécher *The laundry has got to be hung up to dry*

12.33   **Jusqu'à ce qu'ils soient** *Until they are.* Note the use of **à ce que**.

12.34   **je vous en coupe un morceau?** *shall I cut you a piece?*: **en** is always placed after a personal pronoun.

12.35   **Goûtez-y** *Have a taste.* Although **goûter** can take a direct object, it may also be followed by **à** (**y**, in that case, replaces **à cela**).

12.36   **on se les arrache** *people fight over them* (lit. *people snatch them from one another*). As **arracher qch à qn** means 'to snatch sth. from s.o.', the **se** here is an indirect object pronoun after which it is possible to put a direct object pronoun. Similarly: **Je me suis cassé la jambe — Quand est-ce que vous vous l'êtes cassée?**

Questions

Première partie

1 Que pouvez-vous dire au sujet de l'histoire du roquefort et du camembert?
Mots clef: brebis, Charlemagne et l'Evêque d'Albi, moisissure, prendre goût à, Marie Harel, fromage bleu, médecin américain, statue

2 Comment les méthodes de fabrication industrielles se distinguent-elles des pratiques d'un «vrai» fromager et quels conseils celui-ci pourrait-il vous donner?
Mots clef: lait pasteurisé, lait cru, fade, affiner, garder le fromage, après le dessert

3 Une fine gueule vous invite à diner. Comment présente-t-il les fromages et quel genre de vin pourrait-il vous servir?
Mots clef: plateau, assortiment, couteaux, entamer, bienséances, même caractère, plus fort, quelconque

Seconde partie

1 Quels rapports Thomas Duquesne entretient-il avec les fermiers locaux?
Mots clef: ramasser, bidons, la CEE, formulaires, quotas, paperasse

2 Quels sont les sous-produits que Thomas vend?
Mots clef: détaillant, rentabiliser, déchets, élevage

3 Comment fabrique-t-on le Pont-l'Evêque?
Mots clef: écrémer, réchauffer, bassine, présure, caillage, égoutter, étagères, emballage

Exercice

Replace the words in italics with pronouns:

1 Je dois réparer *la tondeuse pour grand-papa*.
2 J'ai promis de donner *les timbres étrangers à mon neveu*.
3 Ne prenez pas *de pain*!
4 La loi autorise *les conducteurs à se stationner ici*.

5   Donnez plus *d'argent à Christine.*
6   J'ai eu du mal à faire comprendre *le nouveau règlement aux employés.*
7   Tu devrais ajouter une pincée de sel *à la sauce.*
8   Je ne peux pas faire *tout ce que je voudrais* pour *Elsa, Anne et Marc.*
9   Pouvez-vous nous faire *ce travail* pour lundi?
10 Il faut offrir au moins trois *fromages aux invités.*

Chapitre Treize

1   La musique populaire

se vanter de to boast about
se rapporter à to refer to, to have to do with,
faire référence à to refer to
campagnard country (*adj.*)
truffé de full of
tour (*m*) de chanson song recital
clou (*m*) du spectacle star attraction
smoking (*m*) dinner jacket
canotier (*m*) boater
allure (*f*) appearance
moineau (*m*) sparrow
monter sur les planches to go on the stage
tomber amoureux(-euse) de to fall in love with
voyou (*m*) hoodlum
volage inconstant
liaison (amoureuse) (love) affair
drogue (*f*) drug(s)
chétif(-ive) frail
s'écrouler to collapse
récital (*m*) performance
enterrement (*m*) burial, funeral
mettre au premier plan to bring to the fore
s'intégrer à to integrate oneself into
tout au long de throughout
congés payés holiday-makers on paid leave (*see* 1.6)
barrage (*m*) dam
engloutir to engulf
maudire to curse
(se) noyer to drown
controversé controversial
étang (*m*) lake, pond
démolir to demolish
disparation (*f*) disappearance
adepte (*m, f*) follower
où que wherever
médiatique media (*adj.*)
il reste à savoir it remains to be seen
passéisme (*m*) (too great a) fondness for the past
souffle (*m*) breath
donner un nouveau souffle à to breathe new life into

Chaque région française peut se vanter d'un patrimoine musical particulier. Dans la plupart des cas, il s'agit d'une musique qui évolue peu et qui est liée à la vie paysanne dont elle s'inspire pour ses thèmes principaux.

A côté de cette tradition fort vénérable, il en est une autre qui, elle, se rapporte davantage aux communautés urbaines et notamment à la ville de Paris. La chanson populaire parle de la vie des rues, mais en même temps, elle ne craint nullement d'aborder des sujets d'actualité auxquels la musique campagnarde ne fait guère référence.

A la veille de la Révolution, Paris est truffé de lieux de spectacles, beaucoup plus nombreux que de nos jours et parmi lesquels se trouvent des endroits où l'on peut à la fois consommer et entendre chanter. Au cours du 19ème siècle, sont créés des établissements où on peut voir alterner des numéros de cirque ou de ballets avec des tours de chanson relativement brefs. Puis, peu à peu, la chanson l'emporte sur tout le reste ; c'est le chanteur — ou la chanteuse — qui devient le clou de chaque spectacle auquel on donne le nom de «music-hall» en raison de l'influence d'outre-Manche.

Beaucoup des chanteurs les plus connus tant en France qu'à l'étranger ont fait leurs débuts dans ce genre de spectacle. Maurice Chevalier était un pôle d'attraction pour un public très mélangé, en

reconnaissance de quoi il portait un smoking « aristocratique » et un canotier d'allure plus populaire.

Edith Piaf (dont le nom signifie « moineau » en argot parisien) est montée sur les planches du music-hall l'ABC après avoir été chanteuse de rue. Chez elle, on retrouve des thèmes qui remontent au moins au dix-neuvième siècle. La fille des rues tombe amoureuse d'un voyou ; l'homme, volage, la quitte et elle meurt de chagrin. De plus, il y a un accord étroit entre ce dont il s'agit dans les chansons d'Edith Piaf et la réalité de son existence. Au lendemain de la guerre, sa tragique liaison avec le boxeur Marcel Cerdan, (qui a trouvé la mort dans un accident d'avion), la maladie et la drogue contribuent à la réduire physiquement, mais augmentent encore son impact sur le public. Cette chanteuse à la voix rauque et gouailleuse, chétive, vêtue d'une petite robe noire, s'écroulant d'un récital à l'autre, est la personnification même de la douleur de vivre. Lorsqu'elle meurt en 1963, quarante mille personnes assistent à son enterrement, consacrant ainsi le mythe de la chanteuse.

A côté d'Edith Piaf, la même époque met au premier plan des chanteurs qui, tout en parvenant à s'intégrer à l'esprit du temps, expriment, à leur façon, divers courants de la tradition française. Charles Trenet est, tout au long de sa carrière, lié à la tradition élitiste de la chanson française, car des poètes comme Cocteau et Max Jacob font partie de ses références. Mais ce chanteur est également le modèle exemplaire d'un music-hall ouvert à l'histoire contemporaine, car dès 1936, il célèbre les plages et la nature découvertes grâce aux nouveaux «congés payés» du Front Populaire.

Après la guerre, c'est la période de l'énergie hydroélectrique et l'on construit partout de grands barrages. Trenet chante les villages engloutis de la vallée de la Durance où « *un barrage maudit a noyé ma verte vallée.* » En 1955, quand il a quarante-deux ans il sort un disque controversé, ressenti comme hostile à la police et qui a bien failli lui causer de graves ennuis : *Sur les bords d'un étang bleu / Il y avait un âne bleu / Et cet âne-là rêvait / qu'il était gendarme à pied.*

Aujourd'hui, presque tous les music-halls ont disparu, convertis en salles de cinéma ou carrément démolis. C'est une disparition qui ne fait que refléter l'évolution actuelle des goûts, car il est indéniable que la musique rock anglo-saxonne compte beaucoup plus d'adeptes que la musique française. D'ailleurs, avec les effets spéciaux et divers gadgets, le chanteur d'aujourd'hui, où qu'il se produise et quelle que soit la langue dans laquelle il chante, est souvent un pur produit médiatique. Il reste à savoir, donc, si à l'avenir, et sans tomber dans le piège d'un passéisme rétrograde, des chanteurs pourraient donner un nouveau et authentique souffle à la chanson populaire française. On ne peut que l'espérer.

Language notes

13.1   la ville de Paris *the City of Paris*. 'City' may be translated by **grande ville; une cité** usually designates a relatively isolated and homogenous group of buildings; **cité universitaire** *student halls of residence*, **cité-dortoir** *dormitory town*.

13.2   auxquels *to which*. The relative pronoun **lequel** agrees in gender and number with the noun it refers to. **De + lequel/lesquel(le)s** become **duquel** and **desquel(le)s. A + lequel/lesquel(le)s** become **auquel/auquel(le)s. Auxquels** is required here as it refers back to **sujets** and forward to **faire référence (à)**. **Lequel** and its variants can also refer to people:

> Les filles auxquelles j'ai confié la clef sont parties *The girls I entrusted the key to have left*

In the latter case though, **qui** can also be used as a relative pronoun: **les filles à qui j'ai confié la clef**

13.3   parmi lesquels *among which*: **lequel** and its variants are used after a preposition when reference is made to a specific noun (in this case, **lieux de spectacles**).

13.4   à la fois consommer et entendre chanter *both drink and hear (people) singing*.
(*a*) **à la fois** means 'both' when there is a notion of simultaneity, e.g. **Pierre est à la fois mari et père.**
(*b*) **entendre** can be followed directly by an infinitive, e.g. **J'ai entendu frapper** (*I heard someone knocking*).

13.5   en reconnaissance de quoi *in acknowledgement of which*: **quoi** is used after a preposition instead of **lequel**, etc. when reference is made not to a specific noun, but to a preceding clause or sentence.

13.6   après avoir été. Whereas an English speaker would usually say 'after being' etc., the French use the perfect infinite with **après**.

13.7   ce dont il s'agit *what it is about*: **ce dont = ce de quoi**; similarly:

> C'est ce dont je me souviens le mieux *It's what I remember best*
> Un ami compréhensif est ce dont j'ai le plus besoin *An understanding friend is what I most need*

13.8 **à la voix rauque et gouailleuse** *with a husky and cheeky voice*: **à** and the definite article are used for describing inherent physical characteristics, whereas **avec** is followed by a possessive adjective: **avec sa voix rauque.**

13.9 **à l'autre** *to the next.*

13.10 **Trenet chante les villages** *Trenet sings of the villages.* Note the direct object after **chanter.**

13.11 **qui a failli lui causer de graves ennuis** *which almost caused him serious trouble:* **faillir** is used for 'almost' in past actions (usually when what almost happens is undesirable):

> J'ai failli rater le train   *I almost missed the train*

13.12 **la musique rock anglo-saxonne.** No, this is not what Alfred the Great might have listened to! For the French, **le monde anglo-saxon** refers to the British and the countries settled by them.

13.13 **quelle que soit la langue** *whatever may be the language:* **quel que** and its variants are placed before a verb and agree with the following noun. However, there is a similar construction in which **quelque** is placed before the noun (e.g. **dans quelque langue qu'il chante** *in whatever language he sings*).

2   A la sortie de l'opéra

mise (*f*) **en scène** production	**chef** (*m*) **d'orchestre** conductor
cantatrice (*f*) opera singer	**à la hauteur** equal to the task
emballer* to thrill to bits	**couper les cheveux en quatre** to split hairs
dès le lever du rideau as soon as the curtain rises	**mettre qch sur le compte de** to put sth. down to
chanter faux to sing out of tune	**jeunesse** (*f*) youth
dénaturer to distort	**émouvoir** (*p.p.* ému) to move (emotionally)
livret (*m*) libretto	**des goûts et des couleurs on ne discute pas** there's no accounting for taste
contrebandier (*m*) smuggler	
pute** (*f*) whore	
collet monté strait-laced	**strapontin** (*m*) folding seat
en rajouter* to lay it on a bit thick	**porter aux nues** to praise to the skies
mélomane (*f, m*) music lover	
cuivres (*m. pl.*) brass section	
bois (*m. pl.*) woodwind section	

Simone et Claude Marais, avec la mère de Claude, sortent de l'Opéra d'Aix-en-Provence où ils viennent d'assister à une représention de *Carmen*.

Claude   Est-ce que cela vous a plu? Personnellement, j'ai trouvé la mise-en-scène tout à fait convaincante.

Simone   Moi, j'ai beaucoup aimé la façon dont ils ont tous chanté. La cantatrice qui fait Carmen était très bien dans son rôle. Vraiment, ça m'a emballée dès le lever du rideau.

Mme Marais   C'est vrai que personne n'a chanté faux. Mais je n'ai pas apprécié les costumes, ni les décors modernes, et on a dénaturé le livret avec cette histoire entre Carmen et les contrebandiers.

Claude   Elle fait trop pute, tu veux dire, Maman! *(Il rit)*

Mme Marais   Il n'y a pas de quoi rire, Claude, mais puisque tu as prononcé le mot! Loin de moi le désir de paraître collet monté, mais le metteur en scène en a rajouté, quand même.

Simone   Alors, moi je ne suis pas très musicienne mais l'orchestre et les chanteurs ont dû plaire à une mélomane aussi exigeante que toi, belle-maman!

Mme Marais   Les cuivres et les bois ont été parfaits. Mais le premier violon n'était pas formidable et je me demande si le chef d'orchestre était vraiment à la hauteur, surtout au premier acte!

Claude   Je ne suis absolument pas de ton avis, Maman! Tu coupes les cheveux en quatre.

Mme Marais   Pas du tout!

Claude   C'est la première fois que Pierre Adiba dirige un orchestre de cette importance, et même s'il y avait quelques petites imperfections, on peut mettre tout cela sur le compte de sa jeunesse. Moi, à la fin, j'ai failli crier «Bis!», tellement cela m'a ému!

Simone   Des goûts et des couleurs on ne discute pas! A quoi bon vous disputer comme ça? Vous savez très bien que vous ne vous mettrez jamais d'accord. Alors, je propose qu'on aille la semaine prochaine à Marseille voir *Le crépuscule des Dieux*. On en a discuté l'autre jour.

Mme Marais   L'idée est fort tentante.

Claude   Mais on ne peut pas aller à tous les opéras! Même les strapontins coûtent une fortune maintenant!

Simone	Tous les critiques ont porté la mise-en-scène aux nues!
Mme Marais	Quand est-ce qu'on peut y aller? J'aimerais mieux le week-end, mettons, le samedi soir.
Simone	Moi, je pourrais m'arranger pour faire la queue à l'Opéra même.
Claude	Dans ce cas-là, tu ferais mieux d'y aller lundi matin, s'il reste encore des places.
Mme Marais	Ce n'est pas la peine, ma petite Simone! Les agences ont toujours des places, même si elles coûtent le double! Ecoutez, je vous y invite tous les deux.
Simone	C'est trop gentil!
Claude	Mais, Maman!
Mme Marais	Mais si, mais si! Ce sera un très grand plaisir pour moi. *Le crépuscule des Dieux* est mon œuvre préférée de Wagner. Et Brunhilde est une femme tellement noble et pure... ou en tout cas, dans les interprétations que, moi, je connais!

(Ils rient)

Language notes

13.14 **la façon dont ils ont tous chanté** *the way (in which) they all sang.* As **façon** (and **manière**) are accompanied by **de** when they mean 'in a certain way', then **dont** is used for 'in which'.

13.15 **très bien** *very good*: **bien** can function as an adjective to express satisfaction and a sense of adequacy.

13.16 **Il n'y a pas de quoi rire** *There's nothing to laugh about*: **rire de** *to laugh at*. Similarly:

Il n'y a pas de quoi s'inquiéter *There's nothing to worry about*
Il n'y a pas de quoi avoir peur *There's nothing to be frightened about*
Il n'y a pas de quoi se moquer *There's nothing to make fun of*, etc.

The use of **de quoi** should also be noted in the following type of expression:

Avez-vous de quoi écrire? Non, je n'ai pas de quoi écrire *Have you anything to write with? No, I have nothing to write with*

13.17   je ne suis pas très musicienne *I'm not very musical*. Besides **musicien,** there are two other ways of translating 'musical': **Le piano est un instrument** *de musique*; **Nous aimerions organiser une soirée musicale**.

13.18   au premier acte *in the first act*. Similarly, **au deuxième chapitre,** etc.

13.19   The French for 'encore' shouted at the end of a concert is **bis.** Note also: **Elle s'est fait bisser** *She was 'encored'*.

13.20   mettons can mean 'let us say' or 'let us suppose', e.g.

Mettons qu'on le fasse pour mardi *Let's suppose we do it by Tuesday*

13.21   mon œuvre préférée de Wagner *my favourite work by Wagner*. Similarly: **un tableau de Picasso, un roman de Balzac,** etc.

Questions

Première partie

1   En quoi la musique populaire des villes est-elle différente de celle des campagnes, et en quoi les chansons de Charles Trenet sont-elles l'illustration de cette différence?
Mots clef: évoluer, vie paysanne, s'inspirer de, aborder, d'actualité, controversé

2   Comment le music-hall est-il né en France?
Mots clef: lieux de spectacle, consommer, entendre chanter, numéro de cirque, tours de chanson, l'emporter sur, clou

3   Pourquoi peut-on établir un parallèle entre la vie et les chansons d'Edith Piaf?
Mots clef: fille des rues, voyou, volage, liaison tragique

Seconde partie

1   Comment Simone et Claude trouvent-ils la représentation de Carmen?
Mots clef: mise en scène, convaincant, cantatrice, emballer, émouvoir, bis, enthousiasmer

2   Et Mme Marais?
Mots clef: chanter faux, costumes, dénaturer, livret, musiciens, chef d'orchestre, être à la hauteur

3 Faites le résumé de la discussion entre les trois au sujet du *Crépuscule des Dieux*.

Mots clef : coûter trop cher, porter aux nues, coûter le double, faire la queue, inviter

Exercice

Fill in each gap below with one or more of the following relative pronouns, preceded by the correct preposition where necessary: **dont, qui, quoi, lequel** (and variants).

1 Ce ...... je parle vous intéresse directement.

2 Ce ...... je pense ne te concerne pas.

3 Il s'agit là d'un seuil au-delà ...... tout devient possible.

4 L'homme sortit de la cuisine, mit le couvert, alluma les bougies, après ...... il remonta au troisième étage.

5 Tous les cadres supérieurs, ... M. Martin, ont assisté à la réunion.

6 Il n'y a personne ...... je souhaite cacher la vérité.

7 Les gens parmi ...... je vivais étaient tous très hospitaliers.

8 Vous avez soulevé deux questions importantes, ... il faut ajouter une troisième.

9 Il n'y a vraiment pas ...... s'inquiéter.

10 Trop de bruit! C'est la raison ...... j'ai décidé de déménager.

Chapitre Quatorze

1   Les syndicats et le monde ouvrier

syndicat (*m*) ouvrier trade union
désuet outmoded
patronat (*m*) employers (social class)
chômage (*m*) unemployment
coûte que coûte whatever the cost
s'efforcer de to strive to
épouvantable horrifying
misère noire dreadful poverty
sévir to be rampant
sanglant bloody
émeute (*f*) riot
réprimer to repress
s'associer to join together
prélever to levy
cotisation (*f*) financial contribution
adhérent(e) member
syndical trade union (*adj.*)
la loi de l'offre et de la demande the law of supply and demand
faire pression sur to put pressure on
apprentissage (*m*) apprenticeship
apprenti (*m*) apprentice
chemin faisant in the process
pouvoir (*m*) d'achat purchasing power
se ranger du côté de qn to come down on s.o.'s side
entraver to hamper

s'accroître to increase
au gré des grandes crises sociales according to how major social crises unfolded
scission (*f*) split
employé(e) de bureau clerical worker
cadre moyen middle-ranking executive
centrale syndicale (umbrella) trade-union association
panneau (*m*) d'affichage notice board
syndicaliste (*m, f*) trade unionist
se réunir to meet together
dans les locaux on the premises
délégué(e) syndical(e) shop steward
élire (*p.p.* élu) to elect
personnel (*m*) staff
lancer un ordre de grève to call a strike
grève (*f*) sauvage wildcat strike
se mettre en grève to go on strike
préavis (*m*) advance warning
cumuler des fonctions to hold more than one post simultaneously
siéger to sit (on committee, etc.)
comité (*m*) d'entreprise work's council
imbattable unbeatable

à la longue in the long run	**pur et dur** hard-line
revendication (*f*) claim, demand	**croisière** (*f*) cruise
se regrouper to band together	**la lutte des classes** the class
mouvementé turbulent, eventful	struggle

On accuse certains syndicats ouvriers de ne pas vouloir — ou même de ne pouvoir — évoluer au même rythme que la société contemporaine. On entend dire que ce sont des organismes désuets dont les buts, le mode de fonctionnement et les prises de position hostiles à l'égard du patronat ne sont plus valables. Les syndicats seraient impuissants, sinon nuisibles, face à des problèmes comme l'inflation ou le chômage. D'autres répliquent que, coûte que coûte, il faut les défendre, car, quelles que soient les modifications techniques ou autres que connaît le monde du travail, les patrons n'en sont pas moins des patrons et il faut bien s'organiser contre !

Quoi qu'il en soit, il est indéniable que les premiers syndicats s'efforcèrent d'améliorer les épouvantables conditions de travail de beaucoup d'ouvriers. Quand la révolution industrielle en était à ses premiers balbutiements, la misère noire qui sévissait dans les milieux ouvriers provoqua de sanglantes émeutes spontanées qui furent sévèrement réprimées et c'est seulement en mil huit cent quatre-vingt-quatre que la loi reconnut aux travailleurs le droit de s'associer.

Afin d'avoir des fonds suffisants au cas où une grève de longue durée éclaterait, les syndicats prélevèrent des cotisations élevées sur les salaires de leurs adhérents. Les premières organisations syndicales comprirent aussi l'importance de la loi de l'offre et de la demande. Elles firent pression sur les patrons afin d'avoir le droit de surveiller de près le système d'apprentissage, et, en agissant de la sorte, elle furent à même de contrôler le nombre d'apprentis et donc d'ouvriers sur le marché du travail. Elles réussirent ainsi à élever le prix de la main d'œuvre et, chemin faisant, à augmenter le pouvoir d'achat de leurs membres.

Pourtant, des gens qui s'étaient rangés du côté des syndicats estimaient que ceux-ci étaient entravés dans leur action par une mentalité trop corporatiste, situation qui n'était pas, à la longue, favorable à la réalisation de toutes les revendications des ouvriers.

Les syndicats se regroupèrent peu à peu, et en mil huit cent quatre-vingt-quinze fut créée, à l'échelle nationale, la Confédération

Générale du Travail. Il faudrait plusieurs volumes pour raconter dans le détail l'histoire mouvementée de cette institution qui fait partie intégrante du paysage politique de la France depuis si longtemps. Disons, tout simplement, que la CGT est très proche du Parti Communiste et qu'elle a vu ses effectifs s'accroître ou diminuer au gré des grandes crises sociales : elle fut dissoute par le régime de Vichy et elle a connu plusieurs scissions. Ses principaux concurrents à l'heure actuelle sont Force Ouvrière, qui compte dans ses rangs beaucoup d'employés de bureaux et de cadres moyens, et la Confédération Française Démocratique du Travail. Les grandes centrales syndicales comptent beaucoup moins de membres que leur homologue britannique, le TUC, mais à la différence de ce dernier organisme, elles sont actives dans des domaines comme le logement et l'assurance-chômage.

Au sein des entreprises, ces formations se retrouvent sur un pied d'égalité. Un panneau d'affichage doit être mis à la disposition de chaque organisation et les syndicalistes ont le droit de se réunir une fois par mois dans les locaux de leur entreprise. Les délégués syndicaux, qui ne sont pas élus par les membres du personnel mais choisis par le syndicat, doivent disposer du temps nécessaire pour accomplir leurs tâches, sans parler des heures supplémentaires qui leur sont nécessaires pour se mettre au courant du Code du Travail ! Les délégués ont le droit de lancer un ordre de grève si des négociations avec la direction n'aboutissent pas, mais, pour éviter les grèves sauvages dans l'Administration et la fonction publique, on est tenu de donner un préavis de cinq jours avant de se mettre en grève.

Un délégué syndical peut cumuler des fonctions et siéger, par exemple, au comité d'entreprise, organisme qui est censé favoriser la coopération entre la direction et les employés. Le rôle du comité d'entreprise est purement consultatif en matière économique, ce qui ne l'empêche pas de prendre une part active à la vie des salariés. Les membres du comité participent à la gestion du service social et c'est dans ce domaine qu'ils sont très appréciés. Les comités organisent des excursions ou des ventes sur place d'articles de consommation courante et ils peuvent même proposer des voyages à l'étranger à des prix imbattables. Selon quelques militants « purs et durs » les comités d'entreprise auraient tendance à dépolitiser les salariés. Mais si, tout en gagnant le SMIC, on peut s'offrir une croisière sur le Nil, n'est-il pas permis d'oublier, ne serait-ce que l'espace d'une semaine, les champs de bataille de la lutte des classes ?

Language notes

14.1 prise de position *stand, stance*. This expression literally means 'taking of position' and is derived from the expression **prendre position** (*to take a stand*); similarly, **prendre conscience de** *to become aware of*, **prise de conscience** *realisation*; **prendre une ville** — **la prise d'une ville**, etc.

14.2 les patrons n'en sont pas moins des patrons *bosses are none the less bosses*. Note the use here of **en … pas moins**. Here is a common example:

Il n'en reste pas moins le cas *It nevertheless remains the case*

14.3 s'organiser contre *organise against (them)*. *See* 9.10.

14.4 en était à ses premiers balbutiements *was still in its infancy* (lit. *at its first stammerings*). *See* 3.12.

14.5 la loi reconnut aux travailleurs le droit de s'associer *the law recognised the workers' right to join forces*. Note the use of the indirect object in this construction (*see also* 12.11).

14.6 au cas où une grève de longue durée éclaterait *in case a lengthy strike should break out*. The conditional is used after **au cas où**, e.g.

Tu ferais mieux de le rappeler, au cas où il y aurait eu un malentendu *You'd better call him back, in case there was (should there have been) a misunderstanding*

14.7 dissoute (*dissolved*) is the feminine past participle of **dissoudre** (the masculine is **dissous**).

14.8 heures supplémentaires *extra hours*; **faire des heures supplémentaires** *to work overtime*.

14.9 se mettre au courant de *to become acquainted with*; **Je n'étais pas au courant** *I didn't know anything about it*.

14.10 Le Code du Travail is the name given to the collection of laws governing labour relations in France. First assembled in 1910, it is now brought up to date once a year.

14.11 Those who work in the **fonction publique** are employed by state services such as the Post Office, hospitals and schools.

14.12 Le SMIC is the '**salaire minimum interprofessionnel de croissance**', i.e. a guaranteed minimum index-linked salary. Those who earn the SMIC are referred to as **smicards**.

14.13   s'offrir une croisière *treat oneself to a cruise.* A more colloquial synonym of **s'offrir** is **se payer***.

14.14   ne serait-ce que *were it only.* Note the use of the conditional.

2   C'est pas juste!

chef (*m*) **d'atelier** foreman	**ête sur le dos de qn** to breathe down s.o.'s neck
prendre qn en flagrant délit to catch s.o. red-handed	**bouc** (*m*) **émissaire** scapegoat
goutte (*f*) drop	**se conformer à** to comply with
avertissement (*m*) warning	**pertinemment** full well
en état d'ivresse in a state of drunkenness	**congédier** to dismiss
licenciement (*m*) dismissal, redundancy	**fermer les yeux sur qch** to turn a blind eye to sth.
en avoir ras le bol de qch** to be sick to the teeth of sth.	**comme si de rien n'était** as if nothing were the matter
bosser* to work	**mettre qn à pied** to lay s.o. off
gosse* (*m, f*) kid	**s'en sortir** to manage, pull through
(conseil (*m*)**) de prud'hommes** industrial tribunal	**joindre les deux bouts** to make ends meet
se calmer to calm down	**faire intervenir qn** to bring s.o. in
picoler** to booze	**faire du chantage à qn** to blackmail s.o.

Nous sommes dans le bureau de M. Bona, directeur de l'usine Chico où l'on fabrique des roulements à bille. M. Bona est en train de se disputer avec un ouvrier qui aurait contrevenu à un règlement interne interdisant l'introduction d'alcool dans les ateliers.

M. Bona   Ecoutez, Monsieur Picolet! Reconnaissez-vous ou non les faits? Votre chef d'atelier m'a dit qu'il vous a vu, de ses propres yeux, en train de boire de l'alcool dans l'atelier. Il vous a pris en flagrant délit!

M. Picolet   Mais moi et lui, on s'est jamais entendu!

M. Bona   Oui, mais les faits! A-t-il menti?

M. Picolet   Oh, peut-être que j'en ai pris une goutte ou deux, histoire de me réchauffer un peu.

M. Bona	N'empêche! Dans ce cas, puisque vous ne niez pas les faits, je suis obligé, malheureusement, de prendre des sanctions contre vous. N'oubliez pas que je vous ai déjà donné un avertissement à ce sujet.
M. Picolet	Quand ça?
M. Bona	Il y a deux ans, à peu près.
M. Picolet	Vous en êtes sûr?
M. Bona	Ne faites pas l'innocent, M. Picolet. Vous vous êtes présentè au travail en état d'ivresse, ce qui est tout à fait inadmissible, étant donné les accidents qui pourraient se produire dans une usine comme la nôtre.
M. Picolet	Qu'est-ce que vous comptez faire de moi, alors?
M. Bona	J'ai parfaitement le droit de procéder à un licenciement pur et simple.
M. Picolet	Merde alors! mais j'en ai ras le bol! Ça fait cinq ans que je bosse ici, j'ai trois gosses à élever et maintenant vous me foutez à la porte! Je vais aller aux Prud'hommes...
M. Bona	Mais calmez-vous, calmez-vous!
M. Picolet	Mais, non, je ne vais pas me calmer! Ecoutez, y a plein de gars qui n'arrêtent pas de picoler à la cantine et ça se voit quand ils reprennent leur travail, mais vous ne leur dites jamais rien à eux! Vous êtes toujours sur mon dos à moi! C'est pas juste!
M. Bona	Vous parlez comme si je vous avais choisi comme une espèce de bouc émissaire. Mais non, il s'agit tout simplement de se conformer au règlement. La consommation de vin est autorisée à la cantine, mais vous savez pertinemment qu'il est interdit d'introduire de l'alcool dans l'atelier. Alors, je n'ai pas dit que je voulais vous congédier, mais je n'ai pas l'intention non plus de fermer les yeux sur un manquement grave au règlement, comme si de rien n'était. Je vous mets à pied pendant une semaine.
M. Picolet	Mais je perds un quart de mon salaire! Comment je vais m'en sortir? J'ai déjà du mal à joindre les deux bouts.
M. Bona	Tant pis pour vous! Que cela vous serve de leçon!
M. Picolet	Je vais faire intervenir l'inspecteur du travail. Vous savez, on ne respecte pas toutes les mesures de

sécurité ici et vous auriez intérêt à faire quelque chose! Cette boîte pourrait être fermée du jour au lendemain.

M. Bona   Je n'ai pas l'habitude qu'on me fasse du chantage! Mais faites donc! Moi, je n'ai rien à craindre de personne, pas comme vous M. Picolet, et on verra bien à qui de nous deux l'inspecteur donnera raison!

Language notes

14.15 **de ses propres veux** *with his own eyes* (*see* 12.23).

14.16 **histoire* de me réchauffer un peu** *just to warm myself up a bit*; **On a fait une petite promenade, histoire de tuer du temps** *We had a little stroll, just to kill some time.*

14.17 **Ne faites pas l'innocent** *Don't act the innocent* (*see* 3.25 (b)).

14.18 **Merde!***** The word is perhaps not considered by many French people to be quite so improper as its literal translation would be by most English speakers. This does not mean, however, that the expletive does not deserve its three-asterisk rating! Other expressions derived from the word might be lowered one peg in the vulgarity stakes:

> Il faut qu'il se démerde!** *He's got to pull his finger out*
> On n'a eu que des emmerdements!** *We had nothing but damned trouble!*
> C'est emmerdant!** *It's a damned nuisance!*
> Tu m'emmerdes!** *You're getting on my nerves!*

14.19 **vous me foutez à la porte!** *you're giving me the sack!*: **mettre qn à la porte** means 'to fire s.o.' and **foutre***** is here a vulgar equivalent of **mettre**. The present of **foutre** is: **je fous, tu fous, il fout, nous foutons, vous foutez, ils foutent.**

The verb is also used with other meanings:

> Mais, qu'est-ce qu'il fout ce mec! *What on earth is that guy playing at!*
> J'en ai rien à foutre! *I don't give a damn!*
> Foutez-moi la paix! *Lay off!*

The past participle of **foutre, foutu***** is often used as an adjective to mean 'messed up': **ma voiture est foutue!**

14.20 **y a* plein* de gars*** *there are loads of blokes*. The **il** of **il y a** is often omitted in spoken French.

14.21 **vous ne leur dites jamais rien** *you never say anything to them*. Two negative words may be used in French without the 'cancelling' effect of a double negative.

14.22 **un manquement grave au règlement** *a serious breach of the rules*. Note that **règlement** is in the singular and that **manquement** is followed by **à**; similarly:

Il a manqué à son devoir *He failed in his duty*

14.23 **Que cela vous serve de leçon!** *Let that be a lesson to you!* See 7.6.

14.24 **Je n'ai pas l'habitude qu'on me fasse du chantage** *I'm not used to being blackmailed*. Note the use here of **que** + subjunctive.

Questions

Première partie

1 Comment les premiers syndicats ont-ils cherché à améliorer les conditions de travail des ouvriers?
Mots clef: fonds, cotisations, apprentissage, marché du travail, pouvoir d'achat

2 Quels sont les droits et les obligations des syndicats ouvriers au sein des entreprises?
Mots clef: panneau d'affichage, se réunir, locaux, délégué, grève

3 Que pouvez-vous dire du rôle des comités d'entreprise?
Mots clef: en matière économique, service social, ventes sur place, prix imbattables, dépolitiser

Seconde partie

1 Pourquoi M. Bona a-t-il convoqué M. Picolet dans son bureau?
Mots clef: contrevenir à, règlement interne, flagrant délit, prendre des sanctions

2 Expliquez la colère de M. Picolet.
Mots clef: bosser,* gosse,* picoler,* reprendre son travail, être sur le dos de quelqu'un, bouc émissaire

3 M. Bona que décide-t-il de faire et comment M. Picolet réagit-il?
Mots clef: fermer les yeux sur, mettre à pied, s'en sortir, joindre les deux bouts, inspecteur du travail, chantage

Exercice

Put the following sentences into the passive form, e.g. **On le connaît ici — Il est connu ici**.

1 On gère ces sociétés de façon peu efficace.
2 On devrait atteindre un nouveau record d'ici quelques jours.
3 On prit la photo à contre-jour.
4 Nous ne recevions jamais les clients le dimanche.
5 On doit moudre le café pour les filtres-papier.
6 On clora la séance à six heures moins le quart.
7 On coud les boutons à la main.
8 On doit acquérir quelques notions de la langue en terminale.
9 On aurait dû cueillir les mûres avant le premier gel.
10 On voit toujours des choses pareilles d'un mauvais œil.

Chapitre Quinze

1 La police et la loi

inculper de to convict of
délit (*m*) offence
tenancier(-ère) manager (of bar, etc.)
louche shady, fishy
quartier chaud red-light district
travailleur au noir moonlighter
faire respecter la loi to enforce the law
contractuel(-elle) traffic warden
contravention (*f*) parking ticket
essuie-glace (*m. pl.*) windscreen wipers
se garer en double file to double-park
rattraper to catch up with
amende (*f*) fine
excès (*m*) **de vitesse** speeding
mobile (*m*) motive
s'attirer des ennuis to get into trouble
policier (*m*) policeman
agent (*m*) **de police** policeman
antipathique unlikeable
en civil in plain clothes
mettre la main sur to lay one's hands on
gardien (*m*) **de la paix** (town) policeman
en zone rurale in rural areas
juge (*m*) **d'instruction** examining magistrate
parquet (*m*) public prosecutor's department
musclé brawny
prompt à quick to

agir en justice to go to court
savonneux(-se) soapy
dégât damage
qui plus est what is more
dans un premier temps as a first step
s'adresser à to go and see s.o.
agrée officially recognised
expertise (*f*) expert's report
en position de force in a strong bargaining position
soucieux(-se) de concerned about
régler une affaire à l'amiable to settle an affair out of court
tierce personne third party
intenter un procès à qn to take legal proceedings against s.o.
poursuivre qn en dommages et intérêts to sue s.o. for damages
dédale (*m*) maze
s'en remettre à qn d'autre to leave the matter in s.o. else's hands
relever de to come under, to be the concern of
porter plainte to lodge a complaint
procureur (*m*) prosecutor
selon toute vraisemblance in all probability
sciemment knowingly
violer la loi to break the law
passible d'une peine d'emprisonnement liable to a prison sentence

fauteur (*m*) **de trouble** trouble-maker	**porter une affaire devant un tribunal civil** to take a case to a civil court
matraque (*f*) truncheon	**huissier** bailiff
portefeuille (*m*) wallet	**audience** (*f*) hearing
gaz (*m*) **lacrymogène** tear gas	**pièce** (*f*) **du dossier** piece of evidence
être le bienvenu to be welcome	
flic* cop	**sous la main** to hand
litige (*m*) lawsuit, dispute	**trancher la question** to come to a decision
garde (*f*) custody	
en instance de divorce awaiting a divorce	**procès** (*m*) trial, court case
	frais (*m*) fees, costs
délation (*f*) denouncement	**honoraires** (*m. pl.*) fees
rupture (*f*) **de contrat** breach of contract	**aller en justice** to go to court

A moins d'être un criminel inculpé d'un délit grave, le tenancier d'une boîte louche dans un quartier chaud, un immigré illégal ou encore un travailleur au noir, vos contacts avec ceux dont le métier est de faire respecter la loi sont souvent brefs... mais peu agréables. Une contractuelle vous met, par exemple, une contravention sous les essuie-glaces si vous vous êtes garé en double file, et si vous êtes en train de rouler tranquillement dans votre voiture, des policiers vous rattrapent dans la leur pour vous obliger à payer une amende pour excès de vitesse! Ou encore, dans le métro, des agents vous somment sans mobile apparent de montrer vos papiers, et il vaudrait mieux qu'ils soient en règle, sinon vous risquez de vous attirer des ennuis! C'est en raison de telles rencontres que l'agent de police est perçu comme personnage antipathique par le Français moyen. Mais encore faut-il savoir à qui on a affaire dans de pareils cas, car la France compte plusieurs sortes de forces de l'ordre.

La police judiciaire, dont les membres sont toujours en civil, n'intervient que si des dommages ont été causés. Ses membres mènent des enquêtes sur le terrain et essaient de mettre la main sur les auteurs éventuels d'un délit. La police administrative, qui est reconnaissable à sa tenue, est chargée du maintien de la sécurité publique; il s'agit là des gardiens de la paix. Ces deux polices sont placées sous le contrôle du Ministère de l'Intérieur. La gendarmerie, par contre, dépend du Ministère de la Défense et ses membres sont surtout actifs en zone rurale. Le gendarme intervient le plus souvent en l'absence d'autres polices, mais un juge d'instruction peut lui demander de recueillir des informations supplémentaires pour le compte du parquet.

Il faut dire également un mot de la Compagnie Républicaine de Sécurité dont chaque division dépend de l'autorité du préfet de la région. Théoriquement, les CRS peuvent intervenir pour des opérations ponctuelles très diverses, mais pour la majorité écrasante des Français, un CRS est un homme musclé toujours prompt à disperser des manifestants ou autres «fauteurs de trouble» au moyen de sa matraque et de gaz lacrymogène.

Voilà une situation où on aimerait mieux éviter le pouvoir de l'Etat, mais il pourrait y en avoir d'autres — des voisins trop bruyants, un portefeuille volé, un chien perdu, — où la présence d'un policier serait la bienvenue. C'est à de tels moments qu'on entend dire qu'on ne trouve jamais de «flic» quand on en a besoin!

Il va sans dire qu'on pourrait être amené à faire intervenir la loi si on se trouve devant un problème juridique grave, par exemple, un litige concernant la garde d'enfants lorsqu'on est en instance de divorce, ou quand il est question d'une délation ou d'une rupture de contrat. Lorsqu'un simple particulier choisit d'agir en justice, pourtant, il s'agit le plus souvent d'un préjudice qu'on estime avoir subi en tant que consommateur, au sens le plus large du mot.

Considérons un cas précis. Vous avez acheté un lave-vaisselle à un détaillant mais, dès que vous le mettez en marche, la porte s'ouvre. Catastrophe! Au fur et à mesure que votre cuisine est inondée d'eau savonneuse, une fuite fait des dégâts chez votre voisin du dessous! Vous vous précipitez tout de suite chez le commerçant en question avec qui vous vous disputez, car il vous assure que l'appareil était en parfait état de marche, et, qui plus est, il ne portait aucune garantie commerciale.

Que faire? Dans un premier temps, vous pouvez vous adresser à un spécialiste agréé pour qu'il fasse une expertise et s'il conclut à un vice caché vous devriez être en position de force. Si vous communiquez le rapport de l'expert au commerçant, il y a de fortes chances que celui-ci, soucieux de sa réputation, décide de régler l'affaire à l'amiable. Cependant, de même que vous venez de faire valoir vos droits en tant qu'acheteur, le commerçant peut défendre les siens et recourir également à une tierce personne pour faire une contre-expertise. Si les deux expertises divergent mais que vous soyez toujours persuadé d'avoir raison, vous pouvez intenter un procès au commerçant pour le poursuivre en dommages et intérêts.

Vous voilà donc prêt à vous lancer dans le dédale des lois qui régissent ce genre d'affaires. Mais vous vous rendez vite compte que c'est vraiment trop compliqué pour vous et vous décidez de vous en remettre à un avocat. Celui-ci vous expliquera que votre affaire ne relève pas de la loi pénale, c'est-à-dire que vous ne pouvez pas porter plainte auprès du procureur parce que votre marchand n'avait pas, selon toute vraisemblance, sciemment violé la loi. La faute qu'il aurait commise n'est pas passible d'une peine d'emprisonnement ni d'une amende. Il faut donc porter l'affaire devant un tribunal civil.

Un huissier vous informera de la date à laquelle aura lieu l'audience. Quand le juge aura estimé avoir toutes les pièces du dossier sous la main, il tranchera la question. S'il vous donne raison, et que vous gagniez votre procès, les frais d'huissier et d'expert ainsi que les honoraires de votre avocat seront normalement à la charge de votre adversaire. Mais si vous perdez votre procès, cela risque de vous revenir très cher, car vous ne toucherez absolument rien et vous serez obligé de payer tous les frais. Avant d'aller en justice donc, il est fortement conseillé d'examiner de très près son compte en banque!

Language notes

15.1 ou encore *or again*: **encore** often marks the idea of an addition to a series, for example:

Nous aimerions rester encore une semaine *We'd like to stay another week.*
J'ai encore oublié de mettre le chat dehors! *I've forgotten to put the cat out again!*

Do not confuse **encore une pomme de terre** which means 'another (additional) potato' with **une autre pomme de terre** which refers to a potato other than the one under discussion!
Encore placed before an adjective acts as an intensifier:

C'est encore plus cher qu'on ne le croyait *It's even more expensive than we thought*

15.2 vous met...une contravention sous les essuie-glace *puts a parking ticket under your windscreen wipers.* An indirect object pronoun construction may be used to express actions performed on personal possessions. (*See* 10.9.)

15.3 When addressing a policeman, you may call him **Monsieur l'agent.**

15.4 perçu comme personnage antipathique *perceived to be an unlikeable character*: **percevoir** and **s'apercevoir (de)** refer to mental processes, whereas **apercevoir** refers to a visual process. Examples: **J'ai du mal à percevoir la nuance: Je me suis aperçu de mon erreur; On apercevait de la fumée à l'horizon.**

15.5 il vaudrait mieux qu'ils soient en règle *they had better be in order* (lit. *it would be worth better*). The conditional of **valoir** is used in the impersonal form to mean 'had better', and the conditional of **faire** followed by **mieux** in the personal form (**Tu ferais mieux de venir** *You had better come*).

15.6 encore faut-il savoir *one still has to know.*

15.7 reconnaissable à sa tenue *recognisable by his uniform.* Similarly:

A quoi peut-on reconnaître un chameau? A sa bosse *How can you recognise a camel? By its hump.*

15.8   Ces deux polices. *These two police forces.*

15.9   disperser des manifestants *to disperse demonstrators*, i.e. 'to break up a demonstration'.

15.10   problème juridique *legal problem*. The French adjective **légal** almost always refers to what is permissible under the law and thus has a more restrictive meaning than the English word 'legal'.

15.11   au sens le plus large du mot *in the broadest sense of the word*. If **sens**, signifying 'meaning' rather than 'direction', is preceded by the indefinite article then **dans** is normally used: **dans un certain sens, dans un sens plus précis**. But note **en ce sens que** *in the sense that*.

15.12   Au fur et à mesure que votre cuisine est inondée *As your kitchen is flooded*. The expression **au fur et à mesure** signifies that two related events unfold simultaneously:

> Tout le monde s'ennuyait de plus en plus au fur et à mesure que le temps passait *Everybody was growing bored as time went on*
>
> On peut coller les timbres au fur et à mesure *We can stick the stamps on as we go along*

Sometimes **au fur** is omitted.

15.13   s'il conclut à un vice *if he concludes that there is a defect*. Note also: **Le jury a conclu à son innocence** *The jury came to the conclusion that he was innocent.*

15.14   s'il vous donne raison et que vous gagniez votre procès '*if he sides with you and if you win your case*': instead of a repetition of **si**, **que** may be used followed by the subjunctive.

15.15   cela risque de vous revenir très cher *it might cost you a lot*: **revenir** is sometimes used as a synonym of **coûter**:

> Cela devrait revenir à plus de cent francs *It should amount to more than one hundred francs*

15.16   vous ne toucherez absolument rien *you will get absolutely nothing*: **toucher** may mean to receive money, e.g. **Je touche un chèque à la fin de chaque mois.**

2   Est-ce qu'il est dans son droit?

majorer increase (price)
loyer (*m*) rent
mairie (*f*) town hall
arrondissement (*m*) (administrative) city district
s'entretenir de qch avec qn to discuss. sth with s.o.
comme bon leur semble as they
   see fit
type* bloke
contredire to contradict
venir à expiration to expire

emmerder** to pester
reconduire to renew (contract)
gâteux soft in the head
lettre recommandée registered
   letter
accusé (*m*) **de réception** acknowledgement of receipt
exemplaire (*m*) copy
c'est à lui de jouer the ball is in
   his court
se renseigner sur to find out about
bête* (*adj.*) stupid

Jeanne et Gilles Thomas ont reçu une lettre de leur propriétaire, M. Mazin. Celui-ci leur notifie son intention de majorer le loyer de leur appartement à Paris. Jeanne s'est rendue à la mairie de l'arrondissement où elle s'est entretenue du problème avec un expert. Leur conversation vient de se terminer et Jeanne est maintenant en train d'en parler avec Gilles au téléphone.

Jeanne   ... oui, il paraît que les propriétaires ont le droit d'augmenter les loyers comme bon leur semble.

Gilles   Je m'en doutais! On n'y peut rien alors!

Jeanne   Non, quand même, ils sont tenus de respecter certaines dispositions de la nouvelle loi. Alors, le type m'a expliqué que Mazin n'est pas autorisé à exiger, comme ça, le double de ce qu'on paie déjà.

Gilles   Tu es en train de te contredire!

Jeanne   Non, écoute! D'abord, il doit attendre que notre bail vienne à expiration.

Gilles   Ce qu'il n'a pas fait.

Jeanne   C'est ça, tant que les termes du bail actuel restent en vigueur, il ne peut rien nous demander.

Gilles   Donc, pourvu qu'on continue à payer notre loyer, il n'y aura pas le moindre problème. Mais quand le contrat se terminera, il pourra nous emmerder, non?

Jeanne	Mais même si on reconduit le bail, il n'a pas le droit de doubler le loyer comme ça, du jour au lendemain. Ça doit se faire par tiers au cours des trois premières années du nouveau contrat.
Gilles	Voilà une bonne nouvelle, enfin, ou plutôt une meilleure!
Jeanne	En plus, Mazin ne sait même pas agir dans son intérêt.
Gilles	J'ai toujours cru qu'il était un peu gâteux. Mais qu'est-ce que tu veux dire?
Jeanne	Je m'explique. Il aurait dû nous envoyer une lettre recommandée avec accusé de réception ainsi qu'un exemplaire de l'article de la loi qui permet les augmentations, et étant donné qu'il n'a rien fait de la sorte, on ne risque rien. Qu'est-ce qu'il n'a pas fait d'autre? ... Ah oui, il aurait dû demander à un huissier de nous envoyer une notification de la majoration.
Gilles	Il vaudrait mieux attendre dans ce cas-là. Qu'est-ce que tu en penses? On n'est même pas obligé de répondre à sa lettre.
Jeanne	C'est exact. En fin de compte, c'est à lui de jouer, pas à nous.
Gilles	Mazin, il nous a pris pour deux cons, ou quoi? Il devait savoir qu'on allait se renseigner sur nos droits!
Jeanne	Je n'en sais rien, mais de toute façon, il est vraiment bête, hein?
Gilles	En effet, et heureusement pour nous!

Extrait de l'article L.613.3.
du Code de la Construction
et de l'habitation

Nonobstant toute décision d'expulsion passée en force de chose jugée et malgré l'expiration des délais accordés en vertu des articles précédents, il doit être sursis à toute mesure d'expulsion non exécutée à la date du 1er décembre de chaque année jusqu'au 15 mars de l'année suivante, à moins que le relogement des intéressés soit assuré dans des conditions suffisantes respectant l'unité et les besoins de la famille.

Les dispositions du présent article ne sont toutefois pas applicables lorsque les personnes dont l'expulsion a été ordonnée occupent des locaux situés dans un immeuble ayant fait l'objet d'un arrêté de péril.

Language notes

15.17 Je m'en doutais *I thought as much!*; **Il ne se doutait de rien!** *He didn't suspect a thing!*

15.18 il ne peut rien nous demander *He can't ask anything of us.* Before an infinitive, a personal pronoun follows **rien**.

15.19 quand le contrat se terminera *when the contract is over.* The future tense is required after **quand** when reference is made to a future action. The future perfect is used after **quand** for an action that precedes another one in the future, e.g. **Je vous en parlerai quand j'aurai fini de manger.**

15.20 Qu'est-ce que tu en penses? *What do you think (about that)?* **Penser de** means 'to have an opinion about'; **penser à** means 'to focus one's attention on' (e.g. **Je pense souvent à Jeanne**). **Penser à** is followed by a disjunctive pronoun: **Je pense souvent à elle**.

15.21 Il nous a pris pour deux cons *He took us for a couple of idiots*: **con****, which was once considered to be a taboo three-letter word, has now become respectable enough to appear on advertisements in the Metro. The word has given rise to other expressions:

> Arrête de déconner!** Ce sont des conneries!**
> *Stop fooling around!   It's a load of rubbish!*

15.22 Je n'en sais rien *I don't know anything about that*: **en** is found before **savoir** in a few common expressions.

> Il en sait plus long que moi *He knows more about it than I*
> J'aimerais en savoir plus sur les vins *I'd like to know more about wines*

Questions

Première partie

1 Pourquoi les agents de police et les CRS sont-ils souvent perçus comme des personnages antipathiques par le Français moyen?
Mots clef: contravention, se garer, excès de vitesse, sans mobile, s'attirer des ennuis, matraque, manifestants

2 Votre lave-vaisselle s'ouvre... Faites le résumé de ce qui pourrait se produire ensuite, jusqu'à ce que vous décidiez de contacter un avocat.

Mots clef: dégâts, se disputer, expertise, position de force, à l'amiable, contre-expertise

3 Vous décidez finalement de vous en remettre à un avocat. Qu'est-ce qu'il vous apprend et comment un procès éventuel pourrait-il se dérouler?
Mots clef: loi pénale, aller en justice, porter plainte, violer la loi, pièces du dossier, trancher, frais de justice, toucher, revenir

Seconde partie

1 Qu'a fait M. Mazin et comment Jeanne a-t-elle réagi?
Mots clef: majorer, le double, s'entretenir de, se renseigner sur

2 Les propriétaires ont-ils vraiment le droit de faire comme bon leur semble?
Mots clef: dispositions, bail, en vigueur, par tiers

3 Pourquoi M. Mazin ne sait-il pas agir dans son intérêt?
Mots clef: lettre recommandé, exemplaire, huissier

Exercice

Fill in the spaces below with one or more of the following expressions: **dès que, au fur et à mesure que, de même que, pourvu que, ainsi que, alors que, tandis que, jusqu'à ce que, afin que, à moins que, aussi bien que.**

1 J'aimerais partir tout de suite, ... vous n'y voyiez d'inconvénient.
2 J'aimerais partir tout de suite, ... vous n'y voyiez pas d'inconvénient.
3 ...... les consommateurs peuvent défendre leurs droits à eux, les commerçants peuvent aussi défendre les leurs.
4 Continuez à lire ...... je vous dise d'arrêter.
5 Je lui enverrai un mot ...... j'aurai fini de manger.
6 Les Français sont pour ces mesures ...... les Britanniques sont contre.
7 Le fisc doit recevoir votre déclaration d'impôts, ... celle de votre femme.
8 Essuie les verres ...... je te les passe.
9 Donne-moi l'horaire des trains, ... je sois là-bas à l'heure.
10 On transpirait de plus en plus, ... la température montait.

Part IV

Chapitre Seize

1 Les transports

citadin(e) city-dweller
vaquer à ses occupations to go about one's business
rue passante busy street
charrette (*f*) cart
omnibus (*m*) à impériale double-decker
révolu bygone
être propre à to be likely to
révolutionner to revolutionise
bagnole*(*f*) car
conducteur(-trice) driver
tripoter qch to fiddle with sth.
convoîter to covet
signe (*m*) extérieur de richesse status symbol
asseoir sa suprématie to establish one's supremacy
matière à réflexion food for thought
faire une queue de poisson à qn to cut in front of s.o.
en trombe at breakneck speed
lambin (*m*) slowcoach
méprisable despicable
s'en tenir à to stick to
monter en flèche to shoot up
péage (*m*) toll
usager(-ère) user
contribuable (*f*, *m*) tax-payer
parlant telling, significant
sillonner to criss-cross
artère (*f*) road

emplacement (*m*) location
système (*m*) à tarif unique single-fare system
soit ... soit either ... or
mensuel monthly
carnet (*m*) de tickets book of tickets
monter dans to get into (transport)
urbanisme (*m*) town planning
poussé elaborate
agglomération (*f*) built-up area
plus espacés further apart
débit (*m*) (passenger) flow
relier un endroit à to connect a place with
la petite banlieue the inner suburbs
la grande banlieue the outer suburbs
ferroviaire rail (*adj.*)
passer sous un tunnel to go through a tunnel
la Manche the English Channel
farouche hostile, fierce
opposant(e) opponent
engager un bras de fer to engage in a power struggle
jeter l'éponge to throw in the towel
donner le feu vert to give the go-ahead
chantier (*m*) building site
navette (*f*) shuttle

boulevard (*m*) **périphérique** ring road	**piéton(-nne)** pedestrian
encombrement (*m*) congestion	**trajet** (*m*) journey
routier road *(adj.)*	**presqu'île** (*f*) peninsula
d'alors of the time	**éloigner** to remove
portée (*f*) significance	**revanche** (*f*) revenge
rame (*f*) train	**provisoirement** provisionally
desservir to serve (transport)	**socle** (*m*) (geological) platform
	rechigner à to balk at

Vous êtes en train de regarder une photographie prise à Paris vers le début du siècle et sur laquelle vous voyez des citadins pressés vaquant à leurs occupations dans une rue passante. A part la façon dont les gens sont habillés, ce qui vous saute aux yeux, ce sont les charrettes et les omnibus à impériale tirés par des chevaux. De tels témoignages d'un passé pas si lointain, mais définitivement révolu, sont propres à provoquer des sentiments de nostalgie aiguë, tellement les moyens de transports ont évolué depuis, permettant à tout un chacun de parcourir des distances de plus en plus importantes en des laps de temps de plus en plus courts.

La voiture automobile doit être placée au premier rang de ces nouveaux moyens de transport, dans la mesure où elle a touché le plus grand nombre de particuliers. Non seulement la voiture permet de se déplacer, elle révolutionne les comportements individuels. Selon un journaliste : « Le moins que l'on puisse dire, c'est que la bagnole est devenue à la fois l'objet d'un culte amoureux amenant le conducteur à sans cesse tripoter l'objet convoité et l'instrument de l'affirmation de sa supériorité absolue sur les autres. » Signe extérieur de richesse, la voiture est donc aussi une manière d'asseoir sa suprématie sur la route. Voilà matière à réflexion, la prochaine fois que vous ferez une queue de poisson audacieuse, ou que vous doublerez en trombe des lambins méprisables !

Mais tenons-nous-en aux conséquences de l'automobile en tant que moyen de transport. La montée en flèche du nombre de voitures et de camions a nécessité la construction d'un réseau routier très dense. Six mille kilomètres d'autoroutes à péage (c'est donc l'usager plutôt que le contribuable qui paie) sillonnent la France en tous sens, sans parler de toutes les routes nationales et départementales. Pour la seule ville de Paris, les chiffres sont très parlants. Plus d'un million trois cent mille véhicules entrent et sortent de Paris chaque jour et deux millions six cent mille véhicules circulent sur les mille deux cent quarante-cinq kilomètres d'artères, dont les boulevards périphériques, que compte la capitale.

Les problèmes de la circulation routière à Paris, pourtant, ne datent pas d'hier puisque les Parisiens se plaignaient déjà de l'encombrement des rues à l'époque de notre photographie, problème qui amena le gouvernement d'alors à concevoir le projet du Métro. La construction du réseau métropolitain fut confiée à Fulgence Bienvenüe, ingénieur en chef des ponts et chaussées. La première ligne fut ouverte au public le 19 juillet mil neuf cent, mais il n'y eut aucune cérémonie d'ouverture parce que la portée de l'événement échappait au public. Toutefois, les gens n'ont pas tardé à s'en servir en nombre toujours croissant, et aujourd'hui les rames desservent près de trois cent quarante-quatre stations.

Voyager dans le métro parisien est simple comme bonjour car des plans indiquent l'emplacement précis de chaque station et il existe un tarif unique sur tout le réseau intra-muros. On peut acheter soit un coupon hebdomadaire ou mensuel appelé «carte orange», soit un carnet de tickets qui vous permettront de monter également dans les bus et dans le funiculaire de Montmartre. Des titres de transport semblables vous donnent le droit de voyager dans les trains de banlieue, y compris ceux du Réseau Express Régional. Le RER fait partie d'un plan d'urbanisme très poussé, qui a entraîné le développement autour de Paris de cinq agglomérations nouvelles, dont le centre d'affaires de la Défense. Les stations du RER sont plus espacées que celles du métro et les trains peuvent assurer un débit de cinquante mille voyageurs par heure et par sens, reliant ainsi la petite et la grande banlieue au cœur même de la capitale.

Sur le plan du transport ferroviaire les Français sont très fiers, et à juste titre, du train à grande vitesse. Le premier TGV, reliant Paris et Lyon, fut mis en service le 27 septembre 1981, et en cette même année une rame du TGV atteignait la vitesse de trois cent quatre-vingts kilomètres à l'heure, établissant un nouveau record mondial de vitesse sur rail.

C'est aussi le TGV qui passera sous le fameux tunnel sous la Manche. De farouches opposants de part et d'autre de la Manche, craignant la perte d'emplois, ont voulu engager un bras de fer avec le tunnel, mais ils ont été obligés de jeter l'éponge quand le feu vert a enfin été donné au projet en 1987. Le plus grand chantier du siècle comporte deux tunnels ferroviaires disposés de part et d'autre d'un tunnel central de service. Il y aura deux navettes, l'une destinée aux voitures et camions, et l'autre aux piétons. La durée du trajet sera de trente-cinq minutes. L'impact économique en sera immense mais il ne faut pas oublier la dimension psychologique, surtout du côté anglais, puisqu'il va falloir se faire à l'idée que la Grande-Bretagne ne sera plus qu'une presqu'île de l'Europe. Comme un journaliste français l'a fait remarquer : « La virtuosité humaine prend sa revanche sur la modeste dépression qui a provisoirement éloigné Albion de son socle géologique. Les Britanniques rechignent-ils à être convertis en continentaux ? C'est sans doute dans ces parages que le bât blesse le plus. »

Language notes

16.1   sur laquelle: sur la photo (*in the photo*).

16.2   tellement les moyens de transport ont évolué depuis *the means of transport have evolved so much since then*: **tellement** often comes before the subject of a verb. Example:

> J'ai décidé de partir, tellement je m'ennuyais *I decided to leave (as) I was getting so bored*

16.3   tout un chacun *anyone whatsoever*.

16.4   particuliers *private individuals*; **une voiture particulière** *a private car*.

16.5   permettre takes an indirect personal object but can be followed directly by **de** + verb. The verb can also be followed directly by a noun:

> Ces mesures ont permis une amélioration du produit *These measures have allowed (for) an improvement in the product*

16.6   conducteur means 'driver'; **contrôleur** is the word used for 'conductor'.

16.7   Les ponts et chaussées is a government department responsible for the construction and maintenance of bridges and thoroughfares.

16.8   échappait au public *escaped the notice of the public*: **échapper à** means to escape somebody's notice or memory (e.g. **Son nom m'échappe**), or to avoid a punishment, an obligation, death, etc.; **s'échapper de** means to escape in the sense of 'to break free from'. Examples: **Le prisonnier s'est échappé**; **Du gaz s'échappait de l'un des tuyaux**.

16.9 **à l'heure** *per hour*; **Je suis payé à l'heure** *I am paid by the hour* (but **Je suis payé trois cents francs** *de* **l'heure**).

16.10 **psychologique.** The **p** of **ps** is always pronounced.

16.11 The French sometimes humorously refer to England as 'Albion', a word which is often preceded by the epithet **perfide!**

16.12 **dans ces parages que le bât blesse** *in these parts that the packsaddle hurts,* i.e. 'where the shoe pinches.'

2   A l'aéroport

---

file (*f*) **d'attente** queue
descendre de to get down, out of (transport)
heures (*f*) **de pointe** rush hours
un monde fou* a terrific crowd
car (*m*) coach
avoir largement le temps to have plenty of time
vol (*m*) flight
retarder de to delay by
décollage (*m*) take off
il ne se passe jamais de semaine never a week goes by
détournement (*m*) hijacking
avoir la trouille* to be scared
se faire des soucis to be worried
déboussolé disorientated

transports (*m. pl.*) **en commun** public transport
inexistant non-existant
joindre l'utile à l'agréable to mix business with pleasure
chauffard (*m*) reckless driver
se sentir en sécurité to feel safe
faire nuit noire to be pitch black
tomber en panne d'essence to run out of petrol
engueuler** qn to tear s.o. off a strip
camionneur (*m*) truck driver
déposer qn to drop s.o. off
faire le plein to fill up (with petrol)
tremblement (*m*) **de terre** earthquake

Voyageuse	Excusez-moi, monsieur. . . c'est bien la file d'attente pour l'avion de Los Angeles?
Voyageur	C'est exact, madame.
Voyageuse	Ah, je croyais que je n'arriverais jamais à l'heure. J'ai pris le RER à Vincennes, mais j'ai oublié de changer à Châtelet, et j'ai été obligée de descendre à Etoile. . . et aux heures de pointe en plus. Il y avait

un monde fou! J'aurais dû venir avec le car plutôt que de prendre le train. Et on dit que la navette est très commode!

Voyageur   Mais vous avez largement le temps, madame. On vient d'annoncer que le vol va être retardé d'au moins une demi-heure.

Voyageuse   Ah, c'était pas la peine de me dépêcher alors! Mais on m'a dit de me présenter à l'enregistrement une heure avant le décollage... il faut contrôler les bagages pour les armes, vous savez. Il ne se passe jamais de semaine sans qu'il y ait un détournement. Oh là! rien que d'y penser, j'ai la trouille! Il est très dangereux de voyager maintenant.

Voyageur   Vous n'avez vraiment pas à vous faire de soucis à ce propos, madame!

Voyageuse   Mais ce n'est pas la première fois que je prends l'avion. Ma sœur et sa famille habitent la banlieue de Los Angeles et nous sommes allés les voir, mon mari et moi, il y a cinq ans. Je me suis sentie toute déboussolée en descendant de l'avion, avec le décalage horaire. Los Angeles a neuf heures de retard sur Paris, vous savez. Et il n'y a pas que ça! La ville n'a pas de centre, les transports en commun sont presque inexistants, et c'est tellement moderne.

Voyageur   C'est le moins qu'on puisse dire!

Voyageuse   Oh! vous connaissez Los Angeles?

Voyageur   J'y vais assez souvent pour affaires, mais en même temps, j'essaie de joindre l'utile à l'agréable. La dernière fois...

Voyageuse   ... Ah oui, vous avez raison, c'est tellement beau la Californie. Henri et moi, nous avons loué une voiture et on s'est pas mal baladé dans le coin. Vous savez, il y a peu de chauffards en Amérique, on ne roule pas très vite là-bas, et même sur les autoroutes, ils ne font que du cent à l'heure. On se sent plus en sécurité. Mais pas tout le temps, remarquez. Une fois, on était au beau milieu du désert sur une petite route. Il faisait nuit noire et voilà qu'on tombe en panne d'essence! Qu'est-ce que j'avais peur! Et j'ai engueulé mon mari! On a été obligé de faire du stop et au bout d'un certain temps un camionneur s'est arrêté et nous a déposés dans un petit bled. Après ça, j'ai insisté pour que

Henri fasse le plein à toutes les stations service! Je ne retournerai plus jamais dans le désert! Cette fois-ci, j'aimerais visiter des villes comme San Francisco... à moins qu'il n'y ait un tremblement de terre!

Voyageur   Peut-être que vous auriez dû rester en France, madame!

Language notes

16.13   à l'heure *on time*; à temps de faire qch *in time to do sth.*

16.14   plutôt que de prendre *rather than taking*: que de sometimes appears before an infinitive — **Je préférerais boire de l'eau que de ne rien prendre du tout.**

16.15   rien que d'y penser *just thinking about it.*

16.16   Il est très dangereux de voyager: ıl or ce followed by de are used for making generalisations, e.g. **Il est/C'est facile de se tromper quand on ne connaît pas la langue.**

When reference is made to something more particular, ce is normally used, followed by à, e.g. **Ouvrir cette bouteille? Ce doit être facile à faire!**

16.17   Los Angeles a neuf heures de retard sur Paris *Los Angeles is nine hours behind Paris*; **J'ai pris du retard dans mon travail** *I've got behind in my work*; **Paris a neuf heures d'avance sur L. A** *Paris is nine hours ahead of L. A.*

16.18   on s'est pas mal* baladé* *we drove around quite a bit*: **se balader** can also mean 'to walk around'; **faire une balade*** *to go for a drive/walk.*

16.19   ils ne font que du cent à l'heure *they only do a hundred (kilometres) an hour.*

16.20   faire du stop* =faire de l'autostop *to hitch a lift*; **Je suis descendu à Marseille en stop** *I hitched down to Marseilles.*

16.21   Je ne retournerai plus jamais dans le désert: **retourner** means 'to go back temporarily'; **rentrer** means 'to go back for good' or 'to return to a place where one sleeps'. Examples: **José est rentré en Espagne; Je veux rentrer à la maison**

Revenir means 'to come back'; e.g. **Quand allez-vous revenir nous revoir?**

Questions

Première partie

1 Quels comportements la possession d'une voiture peut-elle susciter?
Mots clef: culte, tripoter, convoiter, signe extérieur, queue de poisson, doubler

2 Quels sont les avantages des transports en commun de Paris et de sa région?
Mots clef: plans, emplacement, tarif unique, carnet, carte orange, RER, banlieue

3 Que pouvez-vous dire au sujet du tunnel sous la Manche?
Mots clef: TGV, opposants, navette, trajet, psychologie, presqu'île, se faire à

Seconde partie

1 Comment la voyageuse s'est-elle rendue à l'aéroport et qu'est-ce qu'elle craint?
Mots clef: heures de pointe, car, décollage, se présenter à, armes, détournement

2 Quelles impressions Los Angeles lui a-t-elle fait? Est-ce qu'elle y est allée pour la même raison que le voyageur?
Mots clef: déboussolé, décalage horaire, inexistant, pour affaires, l'utile et l'agréable

3 Qu'est-il arrivé à la voyageuse et à son mari dans le désert de Californie?
Mots clef: rouler, nuit noire, panne d'essence, faire du stop, camionneur, déposer

Exercice

Fill in the spaces with the correct preposition, adding the definite article where necessary:

1 J'aimerais mieux aller ...... Pyrénées que ...... Côte d'Azur.
2 ...... mon avis, elle dépense trop d'argent ...... ses enfants.
3 ...... le salon, il y a une commode ...... chêne massif.
4 Richard Starkey est connu ...... public ...... nom de Ringo Starr.
5 Tous les participants, ... plus jeunes ...... plus âgés, ont terminé la course.

6 Je vis ...... une ferme ...... l'âge de douze ans.
7 Serait-il possible d'échanger cette montre ...... une autre?
8 Bien sûr que le pays connaît des problèmes, ... commencer ...... le chômage.
9 Un Français ...... trois regarde les informations ...... télévision.
10 Ce tableau ressemble ...... « Nymphéas » ...... Monet.

Chapitre Dix-Sept

1 Manger aujourd'hui

flâner to stroll
denrée (*f*) **(alimentaire)** foodstuff
monticule (*m*) heap
voire or even, indeed
banal commonplace
parallèlement à alongside
l'envie vous prend de one suddenly feels the urge to
pour peur que provided that
y mettre le prix to pay the price
qu'à cela ne tienne that needn't
  matter
fraise (*f*) strawberry
au plus fort de l'hiver in the
  depths of winter
se régaler de to gorge oneself on
pénurie (*f*) shortage
l'après-guerre (*m*) the period immediately after the Second
  World War
se rabattre sur to fall back upon
tromper sa faim to stave off one's
  hunger
chasseurs-collecteurs (*m. pl.*) hun-
  ters and gatherers
sans même y prendre garde without even noticing it
congélateur (*m*) freezer
aussitôt immediately
passer qch au four à micro-ondes
  to slip sth. into the micro-wave
en deux temps trois mouvements
  in the twinkling of an eye

pays (*m*) **de Cocagne** land of
  plenty
peindre qch en rose to paint a
  rosy picture of sth.
l'industrie agro-alimentaire agri-
  business
l'inverse (*f*) the opposite, the
  other way round
raz-de-marée (*m*) tidal wave
uniformisé standardised
tirer la sonnette d'alarme to
  sound the alarm
alimentation (*f*) food trade
composer un plat to make up a
  dish
sociologue (*f, m*) sociologist
mettre en garde to warn
déceler to detect
à haute teneur en matières gras-
  ses with a high fat content
engrais (*m. pl.*) **chimiques** chemi-
  cal fertilisers
s'approvisionner to stock up, to
  shop
magasin (*m*) **diététique** health-
  food shop
pain (*m*) **complet** wholemeal
  bread
de culture biologique organically
  grown
flatteur flattering
bourrelets (*m. pl.*) **de graisse** rolls
  of fat
à l'envers upside down

se mettre qch sous la dent* to tuck into sth.	mince slim
à huit heures pile on the stroke of eight	la bonne chère good and plentiful food
bienveillant benevolent	sauvegarder la ligne to keep trim
de toutes pièces out of nothing	affres (f. pl.) pangs
l'électroménager (m) (electrical) household appliances	manger de bon appétit to eat with a hearty appetite
prodiguer qch à qn to lavish sth. on s.o.	silhouette (f) figure
bienfait blessing	terroir (m) (native) area
ne plus connaître de bornes to be limitless	choucroute (f) sauerkraut
presse-citron (m) lemon squeezer	bouillabaisse (f) Provençal fish soup
épargner qch à qn to spare s.o. sth.	andouille (f) chitterling sausage
râpe (m) à muscade nutmeg grater	faire la sourde oreille à to turn a deaf ear to
	hors pair unparalleled

On n'a qu'à flâner dans n'importe quel marché de rue pour se rendre compte de la prodigieuse variété de denrées alimentaires que les Français peuvent s'offrir à l'heure actuelle. Non seulement on peut faire son choix parmi les monticules de fruits et de légumes d'origine européenne, mais on peut s'acheter des produits en provenance des pays les plus lointains. Si, il n'y a pas si longtemps, personne ou peu s'en faut, ne mangeait de kiwis ou de mangues, voire d'avocats ou de tangerines, ces fruits sont maintenant devenus presque aussi banals que les pommes ou les poires.

Parallèlement à cette variété débordante, on peut profiter de la disponibilité des produits à longueur d'année. Mettons que l'envie vous prenne de manger certains fruits ; mais ce n'est pas la bonne saison. Qu'à cela ne tienne ! Pour peu que vous soyez prêt à y mettre le prix, vous pouvez vous régaler de fraises ou de raisins de Californie au plus fort de notre hiver ! Qu'elles semblent loin, les pénuries subies sous l'Occupation et pendant l'après-guerre, lorsqu'il fallait, faute d'aliments de choix, se rabattre sur des rutabagas ou des topinambours pour tromper sa faim ! Comme un auteur a récemment remarqué : « Viande à tous les repas, fruits et légumes à volonté, c'est un véritable rêve de chasseurs-collecteurs que nous réalisons, quotidiennement, sans même y prendre garde. »

A cette abondance quasi miraculeuse s'ajoute la facilité de la préparation. On rentre chez soi à huit heures moins le quart, on sort du congélateur un coq au vin déjà préparé qu'on passe aussitôt au four à micro-ondes, et voilà! en deux temps trois mouvements vous avez un repas copieux à vous mettre sous la dent à huit heures pile! Tout se passe comme si quelque esprit bienveillant, d'un coup de baguette, avait créé un repas de toutes pièces.

En fait, l'électroménager ne cesse de nous prodiguer ses bienfaits, tel un Père Noël dont l'inventivité et la générosité ne connaissent plus de bornes. Si le presse-citron et l'ouvre-huître électriques nous épargnent déjà d'importants efforts physiques, à quand la râpe à muscade électrique? Elle ne saurait certainement tarder à nous devenir indispensable.

Pourtant, même dans un pays de Cocagne, il ne faut pas tout peindre en rose. D'abord, il faut compter avec l'industrie agro-alimentaire dont les exigences commerciales ont engendré une diminution de variétés, plutôt que l'inverse, à l'intérieur de chaque espèce. A titre d'exemple, on trouve actuellement sur le marché cinq variétés de melons, contre les quatre-vingts qui existaient au dix-neuvième siècle. Partout où on va maintenant, on trouve les même poulets de batterie à la chair blanche et fade, les mêmes tomates énormes et rouge vif qui manquent de saveur. Devant le raz-de-marée de produits uniformisés, certains ont cru bon de tirer la sonnette d'alarme!: « A l'heure où les grandes entreprises d'alimentation et leurs techniques modernes mettent à votre disposition, en n'importe quelle saison, tous les fruits et produits du monde entier, un simple repas régional traditionnel, bien français, fait de produits sains, de denrées provenant directement des producteurs, est devenu très difficile à composer. »

Ensuite, il y a les problèmes de santé liés à l'abondance même des aliments. Un sociologue nous met en garde: « Nous mangeons beaucoup plus que ne l'exigerait la sagesse du corps. Alors que nous percevons notre faim, nous sommes incapables de déceler les signaux de notre satiété. » Certaines personnes, toutefois, sachant qu'il n'est pas conseillé de manger trop d'aliments à haute teneur en matières grasses ou des produits cultivés avec des engrais chimiques, décident de s'approvisionner, dans la mesure du possible, aux magasins diététiques, et de manger des pains complets ou uniquement des légumes de culture biologique.

Pour d'autres, « les signaux de notre satiété » se déclarent par l'intermédiaire de notre glace, lorsque celle-ci nous renvoie une image peu flatteuse de notre corps avec ses bourrelets de graisse, spectacle qui fait qu'on se met aussitôt au régime! C'est vraiment le monde à l'envers, où on choisit de ne pas manger au milieu de l'abondance. Notre sociologue a bien mis le doigt sur cette contradiction des temps modernes : « Les média nous incitent à manger et nous somment d'être minces. Ils célèbrent la bonne chère et le régime, l'art culinaire et la diététique, comment être gastronome et sauvegarder la ligne. Depuis que la France s'est débarrassée des affres de la sous-alimentation liées à l'Occupation, le gros, c'est l'ennemi ; l'obése, c'est l'horreur. »

Mais il reste toujours bien des Français qui mangent de bon appétit sans se culpabiliser et sans s'inquiéter outre mesure de leur silhouette. S'ils habitent la province, ils sont souvent fidèles aux recettes et aux vrais produits du terroir, tels le foie gras du Périgord, la choucroute d'Alsace, la bouillabaisse de Marseille, ou l'andouille de Vire. Ils font la sourde oreille aux médecins, ignorent le mot « cholestérol » et servent fréquemment à leurs invités des repas inoubliables qui font de la France la patrie hors pair de la gastronomie.

Language notes

17.1 **n'importe quel marché** *any market*: **n'importe lequel** *any one*; **n'importe qui** *anybody*; **n'importe où** *anywhere*; **n'importe quand** *anytime*; **n'importe comment** *any (old) how*; **n'importe quoi**, as well as meaning 'anything', is also a rejoinder meaning 'nonsense!'

17.2 **personne ou peu s'en faut** *nobody, or as good as.*

17.3 **faute d'aliments**: **faute** is a common ellipsis meaning 'through lack/want of'.

17.4 **rutabagas ... tobinambours** *swedes ... Jerusalem artichokes.* The names of these two vegetables have penetrated the collective consciousness of the French to such an extent that even those who did not experience the privations of the period still associate them automatically with the war years.

17.5 **d'un coup de baguette** *with a wave of (its) wand.* Note the use of **de** and the absence of a possessive adjective; similarly,

> Il refusa d'un haussement d'épaules *He refused with a shrug of his shoulders*

17.6 **à quand la râpe à muscade électrique?** *just when (will we be seeing) the electric nutmeg grater?*: **à quand** is a widely used interrogative ellipsis.

17.7 tomates ... rouge vif *bright red tomatoes.* The name of a colour is invariable if it is qualified by another word, e.g. **des voitures gris métallique; des chemises vert pomme.**

17.8 bien des Français *many French people.* Unlike most other expressions of quantity, **bien** is always followed by **des** (not **de**).

2   Faites comme chez vous!

faire comme chez soi to make oneself at home	**durcir** to harden
donner un coup de main à qn to give s.o. a hand	**ragoût** (*m*) stew
plateau (*m*) tray	**casserole** (*f*) saucepan
fourrer* to 'shove', to 'chuck'	**lard** (*m*) bacon
régal (*m*) treat	**on apprend des choses** you live and learn
paf* drunk	**hein?** eh?
dire des bêtises to talk nonsense	**galette** (*f*) pancake
riz (*m*) **au lait** rice pudding	**coûter trois fois rien** to cost next to nothing
dans les parages in these parts	**ustensile** (*m*) utensil
bouillie (*f*) type of porridge	**batterie** (*f*) **de cuisine** set of kitchen utensils
sarasin (*m*) buckwheat	**poêle** (*f*) (frying)-pan
cuisiner to cook	**louche** (*f*) ladle
chaudron (*m*) cauldron	**uniformément** evenly
cuivre (*m*) copper	**à petit feu** over a low flame
flocon (*m*) flake	**bouffe***(*f*) grub
faire tomber en pluie to sprinkle	**à l'ancienne** old-style
tabouret (*m*) stool	**mettre l'eau à la bouche de qn** to make s.o.'s mouth water
laisser refroidir qch to let sth. get cool	

Alain et Simone Fouquet habitent près de Coutances en Normandie. Ils ont invité chez eux pour le weekend deux amis, Michel et Danielle Frank, qui sont de Paris. Ils viennent de terminer le repas du soir.

Simone   Laissez-moi vous débarrasser. Alain, veux-tu me donner un coup de main? Prends le plateau là-bas et mets les assiettes dessus.

Alain   D'accord. Alors, Michel et Danielle, reprenez du vin ou du calvados si vous voulez pendant qu'on fourre tout ça dans le lave-vaisselle. Faites comme chez vous.

(Ils vont à la cuisine)

| Danielle | C'était un vrai régal, ce repas! Je me demande comment fait Simone pour réussir ses glaces... Mais, Michel, doucement avec le calva, tu vas être complètement paf... |
| Michel | Oh! arrête de dire des bêtises. |

(Simone revient)

Danielle	Alors je disais à Michel que tes glaces à la pomme étaient vraiment superbes. C'est un plat typique du coin?
Simone	Pas vraiment. Tu sais, traditionnellement les desserts cuits, ça ne se faisait pratiquement jamais par ici. Peut-être un riz au lait une fois tous les trente-six du mois, mais c'était tout.
Michel	Qu'est-ce que vous mangez comme plat typique dans les parages? Beaucoup d'huîtres, je suppose?
Simone	Pas vraiment. Dès qu'on quitte la côte, la cuisine change, tu sais. Ma famille n'a jamais été très fruits de mer. Non, pour ce qui est des plats typiques, voyons... il y avait la bouillie de sarrasin que ma grand-mère cuisinait quand j'étais jeune. Le sarrasin était très répandue à l'époque, mais maintenant ça commence à disparaître.
Danielle	Et ça se préparait comment la bouillie?
Simone	On faisait bouillir de l'eau dans un grand chaudron en cuivre. Ensuite on prenait des flocons de sarrasin qu'on faisait tomber en pluie dans l'eau. Ça se faisait toujours dans la cheminée et la cuisson était d'au moins une demi-heure. Ensuite, on retirait le chaudron du feu et tout le monde s'asseyait autour sur des tabourets et mangeait la bouillie. Quand il en restait, on la laissait refroidir et en refroidissant elle durcissait. On la coupait en morceaux et le soir on mettait ça à frire et ça s'appelait de la fricassée.
Danielle	Ça n'a rien à voir avec ce qu'on entend par fricassée maintenant, c'est-à-dire un ragoût qu'on prépare dans une casserole.
Michel	Mais il me semble avoir entendu le mot en Belgique pour désigner une espèce d'omelette au lard.
Danielle	On apprend des choses, hein? Chez ma grand-mère à moi on faisait des galettes au sarrasin mais plutôt sucrées que salées, avec de la rhubarbe ou des mûres qui coûtaient trois fois rien, bien sûr. On faisait ça avec

La réussite à coup sûr

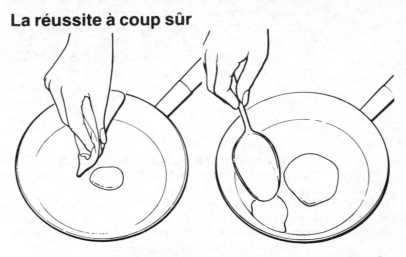

Faites chauffeur la poêle avant de la graisser. Frottez-la avec un épais tampon de papier absorbant imprégné de beurre. Mais ne vous brûlez pas le bout des doigts!

Hors du feu, versez 1 grande cuillerée de pâte au milieu de la poêle et une autre sur le côté. Inclinez-la en tous sens pour étaler la pâte uniformément.

Faites cuire la pâte à feu modéré, jusqu'à ce qu'elle prenne consistance. Des petites bulles d'air apparaissent alors à la surface.

Décollez le pourtour de la crêpe à l'aide d'une spatule. Retournez-la sur l'autre face avec la spatule ou en imprimant à la poêle un coup sec qui fera sauter la crêpe.

un ustensile spécial qui faisait partie de toutes les batteries de cuisine à cette époque-là. C'était une espèce de très large poêle en fonte, d'à peu près un mètre de diamètre, mais avec des bords très peu hauts. On versait la pâte dedans avec une louche et on tournait la poêle de la main gauche pour répartir la pâte uniformément. Et puis on faisait cuire les galettes à petit feu.

(Alain revient)

Alain	Ça y est, c'est fait!
Michel	On parle bouffe. Les recettes du bon vieux temps.
Alain	Oui, je vous ai entendu. Que diriez-vous de quelques galettes à l'ancienne demain midi?
Michel	Ah Alain, tu me mets déjà l'eau à la bouche!
Danielle	Espèce de glouton! C'est vrai ce qu'on raconte, quand même! Les autres peuples mangent pour vivre mais les Français vivent pour manger!

Language notes

17.9 Laissez-moi vous débarrasser *Let me clear (the table) for you.* You need not say **la table** in this expression.

17.10 mets les assiettes dessus *put the plates on it.* The French very rarely use a preposition + disjunctive pronoun when referring to the physical position of inanimates, preferring an adverb instead. For example:

Voici la boîte. Mettez vos affaires dedans *Here's the box. Put your things in it*

Il a écrit pas mal de livres là-dessus *He's written quite a few books on it*

17.11 réussir ses glaces *make a success of her ice-creams*: **réussir** can be followed by a direct object (e.g. **l'ai réussi un petit sourire** *I managed a little smile*.)

17.12 doucement avec le calva* *go slowly with the calvados.*

17.13 une fois tous les trente-six du mois *once every blue moon*: **trente-six** often means just a very high number. For example:

Il n'y a pas trente-six façons de le faire! *There aren't a hundred and one ways of doing it!*

17.14 **très fruits de mer** *very much of a seafood (family)*, i.e., not very keen on seafood. **Très** may be followed directly by a noun. See **8.16**.

17.15 **On faisait bouillir de l'eau** *We boiled some water.* Many verbs to do with cooking are expressed with **faire** + infinitive: **faire rôtir** *to roast*; **faire revenir des oignons** *to brown onions*; **faire frire** *to fry*.

Cuire or **faire cuire** can mean 'to cook'. Without **faire**, the meaning is usually intransitive (e.g. **l'eau bout** *the water is boiling*).

17.16 **la cuisson était d'au moins une demi-heure** *cooking time was at least half an hour.* Note the use of **de** in this construction. Similarly, **la distance est de trois kilomètres; la durée est de trois jours**.

17.17 **d'à peu près un mètre de diamètre** *about one metre across.* Note also **un mètre de large** *one metre wide*; **un mètre de haut** *one metre high*; **un mètre de profondeur** *one metre deep*. (You can also say **large de deux mètres, haut de trois mètres**, etc.)

17.18 **Que diriez-vous de quelques galettes?** *What would you say to a few pancakes?* Note the use of **de** in this expression.

17.19 **Espèce de glouton** *You glutton.* Similarly, **espèce de menteur!** *you liar!*; **espèce de voleur!** *you thief!*

Questions

Première partie

1 Pourquoi y a-t-il un tel contraste entre le fait de manger aujourd'hui et dans l'après-guerre?

Mots clef: denrée alimentaire, en provenance de, pénurie, se rabattre sur, four, l'éléctroménager

2 Que pouvez-vous dire au sujet de la qualité des produits alimentaires actuellement disponibles?
Mots clef: l'industrie agro-alimentaire, melon, uniformisé, fade

3 Quels sonts les problèmes de santé liés à l'abondance des aliments?

Mots clef: satiété, matières grasses, engrais chimiques, magasin diététique, culture biologique

Seconde partie

1 Que dit Danielle à propos des glaces de Suzanne et que dit celle-ci au sujet des desserts en Normandie?
Mots clef: réussir, plat typique, riz au lait, trente-six du mois

2 Comment préparait-on et mangeait-on la bouillie au sarrasin?
Mots clef: faire bouillir, chaudron, flocons, cheminée, tabouret, refroidir, durcir

3 Comment la grand-mère de Danielle utilisait-elle le sarrasin?
Mots clef: sucré, salé, ustensile, poêle, louche, répartir, à petit feu

Exercice

Fill in the spaces with either **à** or **de**, adding the definite article where necessary:

1 Le village est ...... deux heures ...... marche d'ici.
2 Cela ne servirait ...... rien ...... lui en parler.
3 L'homme ...... qui j'ai acheté ma voiture m'a assuré qu'elle était en parfait état de marche.
4 Il est souvent difficile ...... se faire comprendre ...... l'étranger.
5 Nettoyer la moquette ...... la main? C'est difficile .... faire.
6 Je suis payé ...... l'heure. Combien? Trois cents francs ...... l'heure.
7 Que diriez-vous ...... quelques galettes ...... sarrasin?
8 Ce n'est pas ...... sa faute ...... elle si personne n'est venu.
9 Renée ne tient pas tellement ...... jouer ...... tennis. Elle aimerait mieux jouer ...... piano.
10 Ce n'est pas ...... toi ...... me dire ce que je dois penser ...... son dernier film!

Chapitre Dix-Huit

1 L'Existentialisme de Sartre

prononcer un discours to make a speech
lèvre (*f*) lip
lâcher un juron to let slip a swear word
se rattraper to make up (for it)
embarassé at a loss
récuser to challenge
à contre-cœur unwillingly
siroter to sip
et ... et both ... and
engouement (*m*) infatuation
erroné erroneous
colporter to peddle
ragot (*m*) piece of gossip
émoustillant titillating
surnommé nicknamed
castor (*m*) beaver
montrer qn du doigt to point at s.o.
prendre qn à partie to take s.o. to task
néfaste harmful
non-initié(e) uninitiated person, layman
galvaudage (*m*) debasement
coupe-papier (*m*) paper knife
athée (*m, f, adj.*) atheist, atheistic
intransigeant uncompromising
être being
libre arbitre (*m*) free will
angoisse (*f*) anguish
sentier (*m*) path
longer to run alongside

abîme (*m*) abyss
prise (*f*) **de conscience** awareness
s'accommoder de to come to terms with
le plus clair de son temps most of one's time
répugner à faire qch to be loath to do sth.
refus (*m*) refusal
appuyé emphatic
avoir le geste vif to make animated gestures
mauvaise foi bad faith
s'incliner to bend forward, to bow
empressement (*m*) attentiveness
automate (*m*) automaton
témérité (*f*) recklessness
funambule (*m*) tightrope walker
impitoyable merciless
prestesse (*f*) nimbleness
épicier (*m*) grocer
commissaire-priseur (*m*) auctioneer
offensant insulting
politesse (*f*) politeness
au garde-à-vous standing to attention
crainte (*f*) fear
se décharger sur qn de qch to pass off the responsibility for sth. onto s.o.
en connaissance de cause with full knowledge of the facts

redouter to fear	**en dépit de** despite
suicidaire suicidal	**prendre qch au sérieux** to take
avoir le vertige to feel dizzy	sth. seriously
contraindre qn à faire qch to	
compel s.o. to do sth.	

Lors d'un discours prononcé à Paris en 1945, quand le mot d'existentialiste était déjà sur toutes les lèvres, Jean-Paul Sartre cita le cas d'une vieille dame qui, exarcerbée, lâcha un juron, mais pour se rattraper fit aussitôt remarquer qu'elle devait être existentialiste ! Et Sartre d'ajouter : « La plupart des gens qui utilisent ce mot seraient bien embarrassés pour le justifier... au fond, le mot a pris une telle largeur qu'il ne signifie plus rien du tout. » N'en déplaise à la vieille dame, il n'y a rien d'étonnant à ce que Sartre récusât le terme ou qu'il ne l'acceptât qu'à contre-cœur car, vulgarisé, il en était venu à désigner la vie de bohème menée par des mondains de la Rive Gauche. Etait « existentialiste » celui qui, entre deux cocktails sirotés au Café de Flore, s'en prenait aux fausses valeurs de la morale bourgeoise. Cet engouement pour l'existentialisme, le plus souvent fondé sur des lectures erronées ou superficielles, valait à Sartre de nombreuses critiques, et de la part de philosophes « sérieux » et de la presse à scandale qui colportait des ragots émoustillants sur sa relation avec Simone de Beauvoir, surnommée « Le Castor ». Dans la rue, on montrait Sartre et sa compagne du doigt, ou on les prenait à partie en raison de leur influence « néfaste » sur la jeunesse.

Sartre, qui désirait que sa philosophie fût accessible aux non-initiés, s'efforça de mettre un terme au galvaudage dont sa pensée était victime. Lors de la même conférence, il précisa ce que signifiait pour lui le mot « existence » : « Lorsqu'on considère un objet fabriqué, comme par exemple, un coupe-papier, cet objet a été fabriqué par un artisan qui s'est inspiré d'un concept, et qui est, au fond, une recette. » Pour un tel objet, l'essence, ou si l'on veut, l'idée que l'on s'en fait avant de le fabriquer, précède l'existence, et ceci est vrai pour toute chose, à une exception près. En tant qu'athée intransigeant, qui écarte l'hypothèse d'un Dieu créateur, Sartre soutient « qu'il y a au moins un être chez qui l'existence précède l'essence, un être qui existe avant de pouvoir être défini par aucun concept et que cet être, c'est l'homme. » Autrement dit : « L'homme existe d'abord... et se définit après. » L'homme, du fait de son libre arbitre et de la conscience qu'il a de sa place dans le monde, peut créer sa propre essence.

Ce pouvoir que nous avons de nous créer fait que nous sommes « condamnés à la liberté », mais en même temps, que nous cherchons à échapper à cette liberté car elle provoque en nous un sentiment d'angoisse. Sartre s'en explique au moyen d'un exemple concret. Il s'imagine sur un sentier étroit qui longe un précipice et qui représente un danger certain. Il risque de glisser sur une pierre, ou bien la terre friable du sentier peut s'effondrer sous ses pas. « A travers ces différentes prévisions, je suis donné à moi-même comme une chose, je suis passif par rapport à ces possibilités, elles viennent à moi du dehors. » Ce sentiment qui vient à moi du dehors, Sartre l'appelle la peur. Mais, tout à coup, je me rends compte que ce que je redoute n'est plus le précipice, mais moi-même. N'ai-je pas la possibilité de m'y jeter, possibilité qui n'a rien à voir avec des tendances suicidaires mais qui forme un choix qui se présente à moi ? Tout dépend de moi, c'est moi qui représente un danger pour moi-même et c'est cette réalisation qui provoque le vertige de l'angoisse. « Si rien ne me contraint à sauver ma vie, rien ne m'empêche de me précipiter dans l'abîme ».

Cette angoisse qui est aussi la prise de conscience de notre liberté nous est insupportable. Nous avons du mal à nous accommoder de notre liberté, nous y répugnons. Aussi passons-nous le plus clair de notre temps à nous la cacher, à nous mentir. Nous laissons déterminer nos conduites par le regard et les jugements d'autres personnes. Sartre a décrit ce refus de notre liberté, ou la mauvaise foi, sous les traits d'un garçon de café. « Il a le geste vif et appuyé, un peu trop précis, un peu trop rapide, il vient vers les consommateurs d'un pas trop vif, il s'incline avec un peu trop d'empressement, sa voix, ses yeux expriment un intérêt un peu trop plein de sollicitude pour la commande du client, enfin le voilà qui revient, en essayant d'imiter dans sa démarche la rigueur inflexible d'on ne sait quel automate, tout en portant son plateau avec une sorte de témérité de funambule… il se donne la prestesse et la rapidité impitoyable des choses. Il joue, il s'amuse. Mais à quoi donc joue-t-il ? Il ne faut pas l'observer longtemps pour s'en rendre compte : il joue à être garçon de café ; cette obligation ne diffère pas de celle qui s'impose à tous les commerçants, il y a la danse de l'épicier et du commissaire-priseur, par quoi ils s'efforcent de persuader à leur clientèle qu'ils ne sont rien d'autre qu'un épicier, qu'un commissaire-priseur. Un épicier qui rêve est offensant pour l'acheteur, parce qu'il n'est plus tout à fait un épicier ; la politesse exige qu'il se contienne dans sa fonction d'épicier, comme le soldat au garde-à-vous se fait chose-soldat. Voilà bien des précautions pour emprisonner l'homme dans ce qu'il est, comme si nous vivions dans la crainte perpétuelle qu'il n'y échappe, qu'il ne déborde et n'élude tout à coup sa condition.»

Telle est notre conduite habituelle, aux antipodes de l'exercice de notre liberté, laquelle, il faut le préciser, ne se trouve nullement limitée par des contraintes extérieures. Dans un article qui a beaucoup choqué ses contemporains Sartre écrit que: «Jamais nous n'avons été plus libres que sous l'Occupation.» Il entendait par là qu'il était impossible de se décharger sur qui que ce soit des actions qui incombaient aux membres de la Résistance. Ceux-ci agissaient en connaissance de cause en assumant l'entière responsabilité de leurs actes. C'est ce message austère de la liberté qui, en dépit des diverses modes intellectuelles qui se sont succédé depuis, fait que l'existentialisme de Sartre mérite toujours qu'on le prenne au sérieux.

Language notes

18.1   Et Sartre d'ajouter *Whereupon Sartre added.*

18.2   Le mot a pris une telle largeur *the word has taken on such scope.*

18.3   N'en déplaise à la vieille dame *With all due respect to the old lady.*

18.4   il n'y a rien d'étonannt à ce que Sartre récusât le terme *There is nothing surprising about Sartre challenging the term*: **récusât** is in the imperfect subjunctive. For regular verbs this tense is formed as follows:

je donn**asse**	je fin**isse**
tu donn**asses**	tu fin**isse**
il donn**ât**	il fin**ît**
nous donn**assions**	nous fin**issions**
vous donn**assiez**	vous fin**issiez**
ils donn**assent**	ils fin**issent**

The imperfect subjunctive of irregular verbs is modelled on the *passé simple*:

j'eusse	je fusse
tu eusses	tu fusses
il eût	il fût
nous eussions	nous fussions
vous eussiez	vous fussiez
ils eussent	ils fussent

Note that the third person singular of the imperfect subjunctive is distinguished from the *passé simple* only by the circumflex accent. In spoken French, the imperfect subjunctive sounds very pedantic. However, it is still widely used in the third person in literature and the press, and for this reason should be recognised. It is most frequently found after expressions (taking the subjunctive) that are themselves in the imperfect or past conditional, e.g. **Il était surprenant qu'il vînt; Il aurait fallu qu'il fût là; Je ne voulais pas qu'ils le fissent**.

18.5 il en était venu à désigner *it had come to designate.* (*See* 3.12.)

18.6 The **Café de Flore** on the Boulevard Saint-Germain is still one of the favourite haunts of the Parisian intelligentsia.

18.7 morale bourgeoise *bourgeois morality*: **la morale** also means 'the moral of a tale'. Do not confuse this word with *le* **moral** (as in **le moral des soldats** *the soldiers' morale.*)

18.8 valait à Sartre de nombreuses critiques *earned Sartre many criticisms.*

18.9 par aucun concept *by any concept.* When a hypothesis or doubt is expressed in literary discourse, **aucun** can mean **n'importe quel.**

18.10 Aussi passons-nous le plus clair de notre temps *Hence we spend most of our time.* The inversion of verb and subject after **aussi** is not compulsory.

18.11 nous la cacher *hiding it from ourselves. See* 4.15.

18.12 laquelle ... ne se trouve nullement. In literary texts, **lequel** and its variants may be used instead of **qui** as the subject of a verb.

2   Quel bouquin!

lycéen(-enne) high-school student	**c'est pour ça** that's why
camarade (*m, f*) **de classe** class-mate	**tuyau** (*m*) tip
bouquin* (*m*) book	**à mon sens** to my mind
enthousiasmer to fill with enthusiasm	**le b a ba** the ABC
mec** (*m*) guy	**comment elle s'appelle déjà?** what's her name now?
se faire chier*** to be bored out of one's mind	**trouver qch à qn** to see sth. in s.o.
délirer* to rave	**se fixer une tâche** to set oneself a task
polar (*m*) detective novel	**inutilité** uselessness
roman (*m*) **à these** novel with a philosophical or social message	**livresque** bookish
le néant nothingness	**y voir un peu plus clair** have a clearer understanding (of it)
rigoler* to kid	**faire passer un message** to get a message across
gros pavé* (*m*) lengthy book	**cauchemar** (*m*) nightmare
lire un livre en diagonale to skim through a book	**marronnier** (*m*) chestnut tree
sauter du coq à l'âne to jump from one subject to another	**difforme** shapeless
c'est de l'hébreu it's double Dutch	**étiqueter** to label, classify
nul en philo* hopeless at philosophy	**piger* qch à** to understand sth. about
cultivé cultured	**train-train quotidien** daily routine
	barbant* boring
	BD (*f. pl.*) **bandes dessinées** cartoon books

Arthur Roux, lycéen de dix-sept ans, doit rendre un essai sur *La Nausée* de Sartre pour le lendemain. Il est à court d'idées et a décidé de téléphoner à un camarade de classe, Stéphane Goin, pour lui demander son aide.

Arthur   Franchement, c'est pas un bouquin qui m'enthousiasme énormément. Il y a un mec, Roquentin, qui se fait chier dans un bled. Il déteste les gens qu'il rencontre, il se fiche de tout et puis il se met à délirer! Comment ça se fait qu'il ne se passe pratiquement rien?

Stéphane   Ecoute, c'est pas un polar. Il s'agit d'un roman à thèse qui parle de la nature de l'existence. Tu as lu *L'être et le néant*?

Arthur	Tu rigoles ou quoi ! Me taper un gros pavé comme ça ! J'en ai lu quelques fragments en diagonale dans le manuel mais, je ne vois pas le rapport entre tout ça et le roman. Ça saute du coq à l'âne, chez Sartre. Il parle de tout et de rien ! En tout cas, l'existentialisme, c'est de l'hébreu pour moi. Mais tu sais que je suis assez nul en philo, je ne suis pas aussi cultivé que toi, mon cher ! C'est pour ça que je veux que tu me donnes quelques tuyaux pour l'essai.
Stéphane	Hmm... à mon sens, c'est un livre qui traite de la contingence.
Arthur	Je sais que c'est le b a ba de l'existentialisme, mais tu peux t'expliquer un peu ?
Stéphane	Bon, tous les types que Roquentin voit, ils veulent donner un faux sens à leur vie comme les bourgeois de Bouville avec leurs cérémonies ridicules.
Arthur	Oui, je vois, Comme l'amie de Roquentin, comment elle s'appelle déjà... euh, Annie, qui cherche toujours des moments parfaits, mais il n'y en a pas. Je me demande ce qu'elle lui trouve, d'ailleurs. Et il y l'autodidacte aussi, qui s'est fixé la tâche de tout apprendre dans l'encyclopédie. Ça représente l'inutilité des connaissances livresques ?
Stéphane	Oui c'est ça, et puis il y a la biographie que Roquentin veut écrire, mais il n'y arrive pas parce qu'il se rend compte qu'on ne peut pas imposer un sens à la vie de quelqu'un d'autre.
Arthur	Hmm, je commence à y voir un peu plus clair. La vie n'a pas de sens, c'est ça le message que Sartre veut faire passer ?
Stéphane	Oui, si tu veux, mais c'est un peu plus compliqué que ça. Moi, je dirais plutôt que, pour Sartre la vie n'a pas de nécessité. Il s'agit de ça quand Roquentin fait des cauchemars, quand il a des visions bizarres.
Arthur	Tu veux dire que lorsqu'il voit les racines des marronniers au parc, toute cette masse difforme qu'il ne peut pas nommer, ça signifie que nous ne pouvons pas tout étiqueter. Nous voulons que tout serve à quelque chose, mais l'existence échappe à nos catégories.
Stéphane	Mais tu vois Arthur, tu n'es pas aussi nul que ça en philo, tu y piges quelque chose quand même !
Arthur	Et la chanson chantée par la noire, qu'il entend au bar, qu'est-ce que ça représente selon toi ?

Stéphane	C'est l'œuvre d'art qui suggère une solution à Roquentin. Ça lui donne l'envie de créer quelque chose qui soit au-dessus du temps, qui ne soit pas corrompu par le train-train quotidien.
Arthur	D'accord, merci, tu m'as donné quelques idées. Peut-être que ce n'est pas aussi barbant que ça tout de même, *La nauseé*... Mais je préfère les BD en fin de compte!

Language notes

18.13 **il se fiche* de tout** *he doesn't give a damn about anything*: **ficher** (past participle **fichu**) is often a less vulgar equivalent of **foutre** (*see* 14.19). Examples: **Il m'a fichu à la porte; Ma voiture est fichue; Fiche-moi la paix!**

18.14 **Comment ça se fait que** *How come (that)*. If **cela** instead of **ça** had been used, then the full interrogative form would be required: **Comment cela se fait-il que...**

18.15 **je suis nul en philo** *I'm hopeless at philosophy*. Note the use of **en**, e.g. **Je suis fort en maths** *I'm good at maths*.

18.16 **fait des cauchemars** *has nightmares*; **faire un rêve** *to have a dream*.

Questions

Première partie

1 A quels contresens l'existentialisme de Sartre se prêtait-il?
Mots clef: vie de bohème, lâcher un juron, mondain, lecture, ragot

2 Expliquez, avec des exemples à l'appui, la différence entre l'angoisse et la peur.
Mots clef: précipice, le dehors, redouter, soi-même, vertige

3 Qu'est-ce que la mauvaise foi? Donnez-en un exemple.
Mots clef: liberté, prise de conscience, déterminer, les gestes du garçon de café

Seconde partie

1 Pourquoi Arthur a-t-il téléphoné à Stéphane?
Mots clef: rendre, à court de, tuyau, hébreu, comprendre à, nul, cultivé

2 Que pense Arthur de *La Nausée*? Est-ce qu'il change d'avis?
Mots clef: se passer, faire passer un message, y voir clair, barbant*

3 Faites le résumé de ce que dit Stéphane au sujet du roman.
Mots clef: roman à thèse, contingence, imposer un sens à, œuvre d'art, train-train

Exercise

Put the verbs in italics into the imperfect subjunctive:

1 Il tenait à ce que l'homme de la rue *comprendre* sa philosophie.
2 Le roi ne voulait point que sa fille *épouser* un roturier.
3 Il voulait que tous ses enfants *trouver* des époux convenables.
4 Ils n'avaient jamais assez d'argent bien que leur père *être* riche.
5 Qu'ils *être* barbares ou non, les Vikings surent dominer une grande partie de l'Europe septentrionale.
6 Le peintre désirait qu'il y *avoir* assez de lumière pour achever sa toile.
7 Il fallait que Jules César *franchir* le Rubicon pour asseoir sa suprématie.
8 Elle ne sera jamais heureuse, *devoir*-elle trouver le mari parfait.
9 Le comte ne voulait pas que la bonne le *rejoindre* dans des lieux publics.
10 Bien qu'elles ne *faire* jamais de bateau, Odette et sa sœur aimait se rendre au bord de la mer.

Chapitre Dix-Neuf

1 Savoir vendre

au grand dam de to the great displeasure of

passe-partout (*m*) all-purpose

recouvrir to cover

intermédiaire (*m*) middleman

contourner to bypass

vente (*m*) **par correspondance** mail-order selling

atout (*m*) asset

baratin (*m*) sales talk

harceler to harass

à ses moments perdus in one's spare time

arrêter son choix to settle one's choice

essor (*m*) rapid expansion

vente à domicile home sales

avoir de beaux jours devant soi to have a fine future ahead of one

revendeur (*m*) stockist, retailer

courtier (*m*) broker

gigot (*m*) leg (of lamb)

point (*m*) **de vente** (retail) outlet

bouleversement (*m*) upheaval

céder la place à qn to let s.o. take one's place

centre commercial shopping centre

à la périphérie on the outskirts

aller de pair avec to go hand in hand with

indiqué recommended

le cas échéant should the need arise

marge (*f*) **bénéficiaire** profit margin

écouler un produit to move a product

embaucher qn to hire s.o.

siège (*m*) **social** head office

prix (*m*) **de revient** cost price

faire de la publicité pour un produit to advertise a product

support medium (advertising)

diffuser to distribute (publication)

acharné fierce (competition)

se faufiler to thread one's way

croquer to munch

advenir de to become of

de bouche à oreille by word of mouth

publicitaire advertising (*adj.*)

publicitaire (*f,m*) advertising executive

spot* (*m*) advert

aller de pair avec to go hand in hand with

aiguiser l'appétit to whet the appetite

mensonger mendacious

crédule gullible

mettre en œuvre to bring into play

technicité (*f*) technical nature

légende (*f*) caption

clin (*m*) **d'œil complice** knowing wink

sous-traitant (*m*) sub-contractor	**sournois** underhand
volet (*m*) stage, leg	**d'aucuns** (*lit.*) some people
onéreux costly	**astucieux** astute
aléatoire hazardous	**déployer** to display
	de son propre chef on one's own authority

Au grand dam des puristes, maint mot d'origine anglaise a envahi le langage propre aux milieux d'affaires. L'un des plus répandus est celui de «marketing» dont le dictionnaire donne la définition suivante: «Ensemble des techniques et méthodes ayant pour objet la stratégie commerciale dans tous ses aspects et notamment l'étude des marchés commerciaux.» C'est donc un terme passe-partout qui recouvre le gros des activités se situant en aval de la production proprement dite, à commencer par la distribution. Savoir choisir le bon réseau de distribution est indispensable à toute stratégie de marketing, car il y va du succès même d'une entreprise.

Les circuits de distribution peuvent être longs, moyens ou courts, selon que le nombre d'intermédiaires est élevé ou non. Il va sans dire qu'il est possible de contourner ces derniers et de vendre directement au consommateur. C'est le cas de la vente par correspondance qui comporte de nombreux atouts pour l'acheteur. A l'encontre de ce qui se passe dans un grand magasin, où l'on est obligé d'écouter le baratin d'un vendeur qui ne cesse de vous harceler, lorsqu'on achète quelque chose par correspondance, on feuillette un catalogue à ses moments perdus jusqu'à ce qu'on arrête son choix sur les articles qui vous tentent le plus. Grâce à l'essor récent de la télématique, la vente à domicile a sans doute de beaux jours devant elle.

Cependant, il se peut que la chaîne de distribution comporte plusieurs acheteurs et revendeurs; c'est le cas du marché de la viande, où courtiers, grossistes et bouchers se taillent leur part du gâteau — ou du gigot, mais le plus souvent on a affaire à un nombre plus restreint d'intermédiaires qui contrôlent les points de vente. Il s'agit là d'un domaine qui a connu des bouleversements profonds au cours des dernières années. Les petits commerçants, éparpillés un peu partout dans le centre des villes, cèdent la place à des hypermarchés où le client a l'embarras du choix. Ces gigantesques centres commerciaux se sont souvent installés à la périphérie des grandes villes, évolution qui va de pair avec le développement du réseau routier.

A côté des biens de consommation courante, il y a les produits pour lesquels les points de vente habituels ne seraient pas indiqués. Prenons, à titre d'exemple, un produit comme les roulements à bille qui sont destinés à une clientèle réduite. Pour vendre un tel produit, la première démarche consisterait à effectuer une étude de marché, ou, le cas échéant, à en faire faire une par des sous-traitants. Après cette première évaluation du marché vient le deuxième volet qui comprend des études sur des concurrents éventuels et sur le niveau des prix actuellement pratiqués. Le fabricant pourrait être amené à mettre sur pied un bureau de vente, ou bien il pourrait décider de passer un contrat de représentation, exclusif de préférence, avec une société tiers pour que celle-ci prenne en charge la vente du produit. Un tel canal de distribution est relativement peu onéreux pour le fabricant, mais peut devenir aléatoire du fait que le distributeur, qui vit sur des marges bénéficiaires et qui doit écouler plusieurs produits, a tendance à ne s'intéresser qu'aux articles les plus rentables. Si l'on choisit de ne pas passer par un tiers, on peut embaucher ses vendeurs propres qui voyageraient à partir du siège social. Dans ce cas, il faudrait veiller à ce que la commission que touche le vendeur ne pénalise pas outre mesure le prix de revient du produit.

Il se peut que notre fabricant de roulements à bille soit amené à faire de la publicité. Il pourrait alors choisir comme support un hebdomadaire professionnel bien diffusé et faire appel à une agence de publicité pour concevoir un texte et une maquette. Si la concurrence est acharnée, une société peut consacrer une partie importante de son budget à la publicité.

La publicité en France est devenue une industrie des plus importantes, mais, comme un journaliste nous le rappelle, elle remonte à une époque antédiluvienne. «Si l'on y réfléchit bien, la publicité est vieille comme le péché originel. Le premier slogan de l'histoire de l'humanité ne fut-il pas le fait du serpent qui, s'étant faufilé dans le jardin d'Eden, présenta la pomme — un nouveau produit — à Eve, en lui disant à peu près : 'Croquez, ma bonne dame, et vous aurez la Connaissance'. On sait ce qu'il advint non seulement d'Eve, mais d'Adam, lequel dut recevoir le conseil de la bouche de sa compagne. Tous les spécialistes vous le diront, c'est le bouche à oreille qui assure la meilleure propagation du message publicitaire. En ce qui concerne le lancement de la pomme, la compagne fut efficace, la cible atteinte au-delà des espérances de tous les forts en marketing de l'époque, puisqu'il paraît que nous supportons encore les conséquences de la séduction que ce premier 'spot' exerça sur nos naïfs parents. »

COMMUNICATION
CB NEWS

FIL CONDUCTEUR
AGENCES & BUSINESS

■ Le jour où les Saatchi ont failli racheter une banque...La Midland puis Hill Samuel ont failli devenir la proie des deux frères. Ils n'ont pas réussi, mais ils recommenceront, c'est promis! .... **(page 12)**

■ Image et Stratégie pourrait finalement rejoindre Bernard Krief .... **(page 16)**

■ Claude Douce fait son grand retour sur la scène publicitaire. Il devient le président de Mac Cann France. Son ambition : faire de sa nouvelle agence l'une des trois premières de France .... **(page 25)**

MEDIAS & BUSINESS

■ Que fait la GMF dans Havas ou TFI? Olivier Maumus, son directeur financier, fait le point avec «CB» sur les différentes participations de la Garantie dans la communication .... **(page 26)**

■ La dérégulation de la télévision britannique est engagée : suppression de la redevance pour les chaînes publiques a l'étude, création de nouvelles chaînes...Un project de loi sera soumis au Parlement dans le courant du mois .... **(page 27)**

■ Les tarifs 1989 d'Antenne 2 à la baisse: −3,2%. Des ajustements vont jusqu'a 40% en prime time. Compétitivité est le maitre-mot d'Alain Fourcade .... **(page 35)**

■ L'éditeur suisse Jean-Claude Nicole, qui affiche un CA de 2,5 MdsF, n'a pas récolté le succès escompté dans sa diversification plurimédias. Et le fleuron de son groupe, le quotidien «la Suisse» doit affronter la concurrence de «la Tribune de Genève» .... **(page 35)**

MARKETING & BUSINESS

■ Heudebert profite de la notoriété de Douceur Noire pour relooker son image au petit déjeuner. Quand deux clients Edi Conseil jouent au couplage promotionnel .... **(page 40)**

■ Kréma, Kodak et les Nouvelles Galeries : dès février dernier, ils ont misé leurs promotions sur Roger Rabbit, sans avoir vu le film. Les résultats risquent de leur donner raison .... **(page 42)**

■ Les salaires du marketing en retrait par rapport à ceux de la vente : c'est ce que prouve la dernière étude de Self-Marketing .... **(page 44)**

Les publicitaires seraient-ils donc des serpents modernes, aiguisant, à force de publicités mensongères, l'appétit de consommateurs crédules? Ils sont certes prêts à mettre en œuvre des méthodes d'une technicité poussée et les légendes qu'ils inventent sont souvent pleines de clins d'œil complices et de messages qu'il faut souvent prendre au deuxième degré. Les publicitaires agissent-ils pour autant de façon sournoise sur les comportements? D'aucuns répondraient par l'affirmative, mais d'autres répliqueraient que, aussi astucieux que soient les images et les slogans déployés, on n'arrivera jamais à faire vendre un produit si celui-ci ne répond pas à un besoin authentique. Après tout, le grand public n'est la dupe de personne et sait juger de son propre chef de la qualité d'un produit.

Language notes

19.1 maint mot *many a word* (lit.): **maint** may be put into the plural with the same meaning as in the singular. In the spoken language the word has survived in the expression **à maintes reprises** *on many occasions.*

19.2 le gros des activités *the bulk of activities.*

19.3 en aval de la production. This means literally 'downstream from production', i.e. the movement (of goods) after production. The opposite would be **en amont de la production.**

19.4 à commencer par *beginning with.* Note the use of **par**; similarly, **Jean a fini par épouser Sandrine.**

19.5 il y va du succès même d'une entreprise *the very success of a concern is at stake.*

19.6 est obligé d'écouter. When verbs expressing compulsion are in the passive form, they are generally followed by **de**; in the active form and when they have a personal direct object they are normally followed by **à**. Examples:

> **Je l'ai obligé à le faire; Je suis forcé de le faire; Je ne peux pas vous forcer à le faire.**

19.7 qui vous tentent le plus *which tempt one the most:* **vous** is the object pronoun of **on**.

19.8 Modern telephone technology including the *Minitel* is known as **la télématique.**

19.9 **se taillent leur part du gâteau** *get* (lit. *carve themselves*) *their share of the cake*. Similarly, **se tailler la part du lion** *to get the lion's share*.

19.10 **vieille comme** *as old as*: **comme** placed after an adjective can have the same meaning as **aussi ... que**.

19.11 **le péché originel** *original sin*: **originel** refers to an initial or primitive state (whereas **original** refers to something that is innovative or of which copies have been made.)

19.12 **les forts en marketing** *experts in marketing. See* 18.2.3.

19.13 **à force de publicités mensongères** *through deceptive advertisements*; **à force d'essayer, j'y arriverai** *by trying, I'll get there*.

19.14 **prendre au deuxième degré** *not take at face value*; **prendre qch au premier degré** *to take sth. at face value*.

2   On pense aux toutous

toutou* doggy
être à saturation to be at saturation point
créneau (*m*) gap in the market, sector
sondage (*m*) **(d'opinion)** (opinion) poll
saloperie***(*f*) piece of muck
trottoir (*m*) pavement
revenir à ses moutons to get back to the original subject
dépliant (*m*) leaflet, folder
éleveur(-euse) breeder
échantillon (*m*) sample
portée (*f*) litter
chien(-nne) de race pedigree dog
berger allemand alsatian
miser sur count on
danois Great Dane
haut-de-gamme upmarket
hautain haughty
laisser à désirer to leave sth. to be desired
faire autorité to be authoritative
être né d'hier to be born yesterday
mettre qn au courant de qch to put s.o. in the picture about sth.
se dégonfler* to chicken out
fric* (*m*) money
passage (*m*) **à la radio** radio sequence
faire comprendre qch à qn to get s.o. to understand sth.
pub* (*f*) ad
rajuster le tir to change the emphasis
préconiser to advocate
déborder d'activité to brim over with energy
levrier greyhound
bouffer* to eat

Michèle Perrin et Olivier Alvarez travaillent dans une agence de publicité. Ils sont en train de discuter d'une campagne que l'agence va lancer pour LAP, marque de nourriture pour chiens.

Michèle	Donc, à en croire les derniers chiffres, le marché n'est pas encore à saturation. Il y a des créneaux à occuper, surtout pour les aliments secs.
Olivier	Oui, selon un sondage les Français sont les plus importants propriétaires d'animaux domestiques d'Europe, même les Anglais sont derrière nous.
Michèle	Franchement, ça ne m'étonne pas. Quand on voit toutes les saloperies sur les trottoirs!
Olivier	Bon, revenons à nos moutons, ou plutôt à nos toutous! Pour faire démarrer la campagne, il faut des affiches et des dépliants que nous enverrons aux éleveurs avec des échantillons du produit. J'ai demandé à Jacques de faire plusieurs maquettes, mais il n'en a fait que deux.
Michèle	Mais qu'est-ce qu'il fabrique!
Olivier	Ce n'est pas de sa faute, il a été malade. Alors, nous avons quand même celles-ci. Qu'est-ce que tu en penses? D'abord l'éleveur entouré d'une portée de chiens de race, des bergers allemands. Et l'autre aussi mise sur le côté haut-de-gamme, un danois à l'air très hautain, un peu snob. C'est bien l'image de marque qu'il faut.
Michèle	«LAP me plaît». La photo est géniale. Elle ne fait pas du tout image d'Epinal. Mais la légende, je ne sais pas, laisse à désirer. Je la trouve un peu plate.
Olivier	Elle est censée faire autorité.
Michèle	Merci de me le signaler, Olivier, mais je ne suis pas née d'hier! hmm... vaudrait mieux, à mon avis, attendre que Jacques nous en fasse d'autres. Alors, tu peux me mettre au courant des autres aspects de la campagne?
Olivier	D'abord LAP voulait une campagne tous azimuts avec des spots à la télé, mais ils se sont dégonflés au dernier moment. Question de fric. On prévoit quand même des passages à la radio et...
Michèle	Ça va être archidifficile de se passer de la télévision, tu as essayé de leur faire comprendre ça?
Olivier	Bien sûr. Mais si on leur fait une pub pour le cinéma, on pourra s'en resservir pour la télé, en rajustant un peu le tir.

Michèle	D'accord. Pour le ciné, je préconiserais quelque chose comme un chien aux poils brillants, qui déborde d'activité et qui traverse l'écran à toute vitesse.
Olivier	Oui, mais en même temps, il faut mettre en valeur le côté nourriture saine et bien équilibrée. Cela devrait l'emporter sur l'image du chien.
Michèle	Mais non, ce n'est vraiment pas la peine d'insister là-dessus. Ce qu'il faut c'est un gros plan sur un beau chien, mettons, un levrier qui, juste avant de bouffer du LAP...

Language notes

19.15   à en croire les derniers chiffres *if the latest figures are to be believed*. Similarly, **à en juger par les derniers chiffres** *judging by the latest figures*.

19.16   les plus importants propriétaires d'animaux domestiques d'Europe *the largest pet owners in Europe*. 'In' after a superlative is normally translated by **de**.

19.17   ça ne m'étonne pas. The third person singular of **étonner** is often used when English speakers would tend to use the first person, e.g. **Ça m'étonnerait qu'il vienne** *I'd be surprised if he came*.

19.18   qu'est-ce qu'il fabrique*! *what's he up to!*

19.19   Ce n'est pas de sa faute *It's not his fault*. Note the use of **de** in this expression.

19.20   Les images d'Epinal were prints made in the town of Epinal portraying sentimental images of everyday life. The term is now used to mean 'hackneyed'.

19.21   vaudrait mieux *it would be (worth) better*: **il** is usually omitted in this expression in spoken French.

19.22   une campagne tous azimuts *a campaign in all directions*, i.e. an all-out campaign using several media.

19.23   archidifficile *extremely difficult*: **archi** is widely used as a prefix to stress an adjective.

19.24   aux poils brillants *with a shiny coat*: **poil** also translates 'hair' (other than **cheveux** which refers only to human hair on the head.)

Questions

Première partie

1   Que pouvez-vous dire au sujet de l'évolution actuelle de la vente au détail ?
Mots clef : intermédiaires, contourner, à domicile, télématique, bouleversement, hypermarché, centre commercial, point de vente

2   Si vous étiez fabricant de roulements à bille, que pourriez-vous faire pour vendre votre production ?
Mots clef : étude de marché, concurrence, bureau de vente, distributeur, aléas, embaucher, vendeur

3   Quels sont les méthodes qu'emploient les publicitaires pour faire vendre un produit ? Selon vous, est-il possible de faire un parallèle entre ces méthodes et l'histoire d'Adam et Eve ?
Mots clef : maquette, légende, technicité, crédule, clin d'œil, prendre au deuxième degré, besoin authentique

Seconde partie

1   Que faut-il faire pour faire démarrer la campagne de publicité pour LAP ?
Mots clef : affiche, dépliant, éleveurs, échantillon

2   Quels problèmes se sont-ils posés jusqu'à présent. Sont-ils très importants ?
Mots clef : malade, attendre que, spot télévisé, fric, se dégonfler, rajuster le tir

3   Que pense Michèle de la campagne et quelles propositions fait-elle ?
Mots clef : génial, image d'Epinal, se passer de, préconiser, gros plan

Exercice

Fill in the gaps below with one of the following expressions: **à l'égard de, à l'encontre de, à force de, auprès de, d'après, de la part de, en mesure de, en raison de, en rupture de, suite à.**

1   Je suis désolé, mais je n'ai aucune influence ...... la directrice.

2   ...... notre conversation, je vous envoie ci-joint un devis détaillé.

3   Je vous écris ...... ma mère, propriétaire de la maison en question.

4   Malheureusement, je ne suis pas ...... répondre à toutes vos questions.

5   Le magasin a fait une promotion sur les baladeurs, et maintenant on est ...... stock.

6   Nous ne pouvons pas vous les livrer ...... la grève des trains.

7   Jacques est très méfiant ...... ce genre de personne.

8   ...... ce qui se passe dans d'autres pays, presque tous les Français sont pour la force de dissuasion nucléaire.

9   ...... cet article, deux ou trois ministres seraient sur le point de démissionner.

10   ...... persévérer, Pierrette a obtenu tout ce qu'elle voulait.

Chapitre Vingt

1 La femme en France

à maints égards (lit.) in many respects
citoyen de seconde zone second-class citizen
P-DG = président-directeur général chairman and managing director
rarissime extremely rare
pharmacien(-enne) chemist
factrice postwoman
au beau fixe masculin unswervingly masculine
à l'instar de following the example of
substantif (*m*) noun
exercer un métier to practise a trade
époux(-se) spouse
sans ambages without hesitation
hypothéquer to mortgage
de surcroît moreover
se substituer à to be substituted for
désormais henceforth
conjointement jointly
mère célibataire unmarried mother

union (*f*) libre free love
ne ... plus guère hardly any more
commérage (*m*) piece of gossip
malveillant malevolent
obéissance (*f*) obedience
incontesté unchallenged
se révolter to rebel
nourrice (*f*) wet nurse
bonne (*f*) maid
lors même que (lit.) even when
dresser un bilan to make a (retrospective) appraisal
sort (*m*) fate, lot
abaisser to lower
opiniâtreté (*f*) stubborness
séculaire age-old
s'inscrire en faux contre to strongly deny
MLF = Mouvement de Libération de la Femme Women's Liberation Movement
phallocrate* male chauvinist
avancer to put forward (argument)
tendresse (*f*) tenderness
douceur (*f*) mildness
déclencher to trigger off

A maints égards, la femme française d'aujourd'hui se trouve sur un pied d'égalité avec l'homme et il n'est plus possible de la considérer comme un citoyen de seconde zone. Au niveau professionnel, des femmes occupent pratiquement tous les emplois autrefois réservés aux hommes. Est-il rien de plus normal que d'aller chez une femme médecin ? Il y a des femmes ingénieurs, des femmes P-DG, des femmes officiers dans l'armée. Il y a cinquante ans, il était rarissime qu'une femme exerçât l'un de ces métiers. Cette évolution rapide a même entraîné des changements d'ordre linguistique, car, au fur et à mesure que le monde du travail s'ouvre aux femmes, certains noms de profession se mettent également au féminin ; « pharmacienne », « avocate » et « factrice » sont maintenant largement admis. Pourtant, d'aucuns persistent à rechigner devant « une professeur », et d'autres noms de métier sont restés au beau fixe masculin : quel que soit le sexe de la personne, il faut toujours dire « un agent », « un écrivain », « un magistrat ». Mais peut-être ces mots, à l'instar d'autres substantifs, changeront-ils aussi.

Quoi qu'il en soit, il ne faut point passer sous silence les progrès réalisés dans d'autres domaines. Sans entrer dans le détail des lois qui régissent les droits et les devoirs des époux, on peut dire sans ambages que la femme mariée est maintenant autonome. Elle gère ses biens propres, qu'ils aient été acquis avant le mariage ou non, et il faut qu'elle accorde son autorisation au mari si celui-ci désire vendre et hypothéquer un logement ou signer un bail. De surcroît, le principe d'autorité parentale s'est substitué à celui d'autorité paternelle. Désormais, les choix fondamentaux concernant les enfants doivent être pris conjointement.

Du point de vue de la morale aussi, les attitudes et les comportements ont subi un changement radical. Par exemple, la mère célibataire ou la femme qui vit en union libre ne sont plus guère l'objet de commérages malveillants.

Mais cette liberté n'en est pas moins toute récente, et de tous les principaux pays occidentaux, c'est peut-être la France qui avait les lois les plus discriminatoires à l'encontre de la femme. Cet état de choses incombe à. . . Napoléon ! Son code civil de mil huit cent quatre établit le statut juridique de la femme, qui devait rester en vigueur jusqu'à l'époque actuelle. L'un des articles du code définit en toutes lettres ce statut : « la femme doit obéissance à son mari ». En effet, celui-ci devint le maître incontesté et avait même le droit de contrôle sur la correspondance de son épouse. Pour la plupart des maris de l'époque, il eût été scandaleux que cela ne fût pas le cas !

Aussi surprenant que cela puisse paraître, peu de femmes s'élevèrent contre ces injustices. L'une des premières à se révolter fut Pauline Roland qui fonda en 1850 le journal *La voix des femmes*. Elle y écrivit : « Ce que la femme veut, c'est qu'aucune des professions pour lesquelles elle se sent l'aptitude ne lui soit interdite ».

Le 26 juillet 1881, l'école normale supérieure de Sèvres est fondée. En 1919, un baccalauréat féminin sanctionnant les six années d'études est institué. Le 25 mars 1924, un décret proclame l'identification des programmes d'études dans le secondaire pour les garçons et pour les filles, entraînant l'équivalence des baccalauréats.

Enseignement supérieur.

La Sorbonne reste obstinément fermée aux jeunes filles jusqu'en 1880. Seule la faculté de médecine et le Collège de France les accueillent.

Nombre d'étudiants dans les facultés parisiennes.

	Droit		Médecine		Sciences		Lettres		Pharmacie	
	H	F	H	F	H	F	H	F	H	F
89/90	1882	1	3479	18	385	6	663	31	1080	—
18/19	3080	187	2126	454	1040	288	789	701	315	108
29/30	6958	1085	3271	824	2243	1080	2681	2562	925	598

Baccalauréat: en 1861: 1. De 1862 à 1896 : 299.

Licences	F Droit	F Sciences	F Lettres
1867	—	1	—
1903	1	6	1
1918	20	49	76
1929	98	64	157

Parmi les professions qui ne lui avaient pas été interdites, on trouve celles de nourrice, bonne ou ouvrière d'usine. L'invention de la machine à coudre et l'ouverture des grands magasins créèrent de nouveaux emplois. Non seulement ces postes étaient mal payés, mais ils comportaient bien des inconvénients. Une bonne n'avait pas d'horaire fixe et une vendeuse n'avait pas le droit de s'asseoir derrière le comptoir, ne fût-ce que l'espace d'une minute, et lors même qu'il n'y avait pas de clients à servir.

Malgré le bilan assez noir qu'on est obligé de dresser du sort de la femme au dix-neuvième siècle, des progrès se réalisèrent. En 1874, les femmes durent cesser de travailler sous terre et vingt-huit ans plus tard la journée de travail fut abaissée à dix heures et demie. Mais il fallait attendre l'après-guerre pour que les femmes aient raison de l'opiniâtreté de certains hommes politiques. Par l'ordonnance du 21 avril 1945, les Françaises obtinrent le droit de vote : la justice l'avait emporté sur la réaction et les préjugés séculaires.

Pourtant, il est bien des gens qui soutiennent que les femmes sont toujours l'objet de discriminations. Des femmes s'inscrivent en faux contre l'assertion que le MLF a complètement révolutionné les rapports entre les femmes et les hommes. On soutient qu'on a eu beau traiter les hommes de «phallocrates», la majorité écrasante de ces derniers répugnent à voir des femmes, dussent-elles être plus efficaces que leurs homologues masculins, dans des positions d'autorité. En effet, selon les résultats d'un sondage récent, quatre-vingt-deux pour cent des hommes ne souhaiteraient pas avoir une patronne.

Des femmes avancent que nous sommes loin d'avoir abandonné toutes les idées stéréotypées qui s'attachent à la personne de la femme. Mais d'autres répliquent qu'il ne faut pas s'en prendre aux caractéristiques typiquement «féminines» telles la tendresse, la douceur, le manque d'agressivité ou l'altruisme. Peut-être faudrait-il que le monde tout entier se féminise : après tout, combien de guerres ont-elles été déclenchées par des femmes ?

Language notes

20.1 **Est-il rien** *Is there anything*: **rien**, when it means 'any such thing' is not accompanied by **ne**.

20.2 **peut-être ... changeront-ils** *perhaps they will change*. If **peut-être** is placed before its verb and is not followed by **que**, then there is a subject–verb inversion.

20.3 **il eût été scandaleux (***lit.***)** *it would have been scandalous*: **eût été** is the pluperfect subjunctive (which is formed by the imperfect subjunctive of **avoir** or **être** + past participle). It most frequently has the meaning of the past conditional.

20.4 **ne fût-ce que l'espace d'une minute (***lit.***)** *were it only for a minute*.

20.5 **qu'on a eu beau traiter** *have in vain called*; **J'ai beau essayer, je ne réussirai pas** *However much I try, I won't succeed*.

20.6 dussent-elles être plus efficaces que leurs homologues masculins (*lit.*) *even if they were to be more efficient than their male opposite numbers*: **dussent** is the third person plural of the imperfect subjunctive of **devoir**.

2 Il t'a posé un lapin!

poser un lapin à qn* to stand s.o. up
pause café (*f*) coffee break
distributeur (*m*) **(automatique)** vending machine
dégueulasse** disgusting
gamin (e)* kid
tricot (*m*) jumper
tricoter to knit
crispé on edge
aiguille (*f*) needle
en tailleur cross-legged
tas (*m*) heap, load
c'est du bidon* it's a load of cod-swallop
faire entrer qch dans la tête de qn to get sth. into s.o.'s head
chef (*m*) **de service** head of department
mener la vie dure à qn to give s.o. a hard time
faute (*f*) **de frappe** typing error
piquer une colère pas possible* to get into a flaming temper

croiser qn to go past s.o.
dans l'escalier on the stairs
salaud*** bastard
casser les pieds à qn to get on s.o.'s nerves
orthographe (*f*) spelling
s'en foutre*** not to give a damn
draguer* to chat up, 'pick up'
sympathiser avec qn to take a liking to s.o.
ne penser qu'à ça* to have a one-track mind
prendre un pot to have a drink (with s.o.)
parler de choses et d'autres to talk about one thing and another
coordonnées* address and telephone number
se donner rendez-vous to arrange to meet
ça ne répond pas there's no reply
faire la commission à qn to give s.o. the message

Deux secrétaires, Anne et Odile, sont en train de discuter ensemble pendant une pause café. Elles sont dans une petite salle où se trouve le distributeur automatique.

Anne C'est vraiment pas bon ce café, ça a un goût complètement artificiel.

Odile C'est vrai, c'est dégueulasse! Ils devraient faire installer un autre distributeur.

Anne Ou encore mieux, nous autoriser à sortir cinq minutes pour aller au café en face. On nous traite comme si on était des gamines.

Odile	Que veux-tu, on n'y peut rien... Dis-moi, Anne, c'est joli ce tricot. Tu aimes tricoter, non?
Anne	Oui, ça me repose énormément. Après le boulot, je me sens tellement crispée, mais dès que je sors mes aiguilles dans le métro, j'ai la tête qui se vide et je me sens mieux. Et toi, qu'est-ce que tu fais pour te détendre? Le yoga, c'est ton truc, non?
Odile	Oui, j'en fais depuis trois mois et c'est merveilleux la façon dont j'arrive à me débarrasser du stress. La plupart du temps, on est assis en tailleur, et, à force de faire tout un tas d'exercices, on se sent vraiment détendu. J'ai essayé de faire venir Eric, mais il croit que c'est du bidon! Impossible de lui faire entrer dans la tête que cela n'a rien à voir avec la religion. Parfois tu sais, les hommes sont vraiment cons!
Anne	Tu ne m'apprends rien de neuf! A propos, est-ce que tu sais si Danielle a toujours des problèmes avec son nouveau chef de service, Fouet? Il lui mène la vie dure, paraît-il. Elle n'a qu'à faire une petite faute de frappe et il pique une colère pas possible! La pauvre! Je n'aimerais pas être à sa place!
Odile	J'ai croisé Danielle dans l'escalier ce matin. On s'est dit bonjour, mais c'est tout! Elle avait les yeux tout rouges!
Anne	Quoi! Fouet la fait pleurer! Quel salaud!

(La porte s'ouvre. Danielle entre)

Anne/Odile	Bonjour, Danielle. Ça va?
Danielle	Pas très bien.
Anne	C'est Fouet, non?
Danielle	Il me casse les pieds parfois, mais pas à ce point-là! Que je fasse parfois des fautes d'orthographe, franchement, je m'en fous. Non, il ne s'agit pas de lui, mais d'un garçon que j'ai rencontré dans le train l'autre jour. Il s'est mis à côté de moi, il a vu que je lisais un roman de Marguerite Duras et il a commencé à me parler d'elle.
Odile	Il te draguait alors?
Danielle	Non, c'était pas comme ça. Nous avons tout de suite sympathisé. Il m'a paru intelligent, pas du tout comme le dragueur habituel.
Anne	Faut pas se laisser tromper par les apparences! J'en connais, des intellos, qui ne pensent qu'à ça!

Danielle	Mais écoute, enfin! Il s'appelle Denis. Nous sommes descendus à la même gare et on a pris un pot ensemble. On a parlé de choses et d'autres et puis il m'a donné ses coordonnées. Il m'a passé un coup de fil hier matin, et nous nous sommes donné rendez-vous pour huit heures au même bar. Mais voilà, il n'est pas venu. J'ai téléphoné chez lui mais ça n'a pas répondu.
Anne	Il t'a posé un lapin, c'est tout.

(M. Fouet entre)

M. Fouet	Danielle, cela fait cinq minutes que je vous cherche. Un monsieur vient de téléphoner de l'hôpital. Il s'est cassé le pied hier soir en descendant du train et il a envie de vous revoir. Je lui ai dit que je vous ferais la commission. Si vous voulez, vous pouvez aller le voir maintenant. Venez avec moi que je vous donne l'adresse.
Danielle	Oh! M. Fouet, vous êtes gentil! Au revoir les filles!
Anne	Tu vois, il ne faut pas critiquer les hommes tout le temps!
Odile	Moi, je l'ai toujours dit, la plupart d'entre eux ont un cœur d'or!

Language notes

20.7 intellos* *intellectuals.* Similar abbreviations are: **mégalo** mégalomane; **maso** masochiste; **parano** paranoïaque; **porno** pornographique.

20.8 Venez avec moi, que* je vous donne l'adresse *Come with me so that I can give you the address.* Note the use of **que**, which is followed by the subjunctive, in this expression.

Questions

Première partie

1 Comment la situation de la femme en France s'est-elle améliorée?
Mots clef: emploi, métier, autonome, autorité parentale, la morale

2 Faites le résumé de la situation de la femme au dix-neuvième siècle.
Mots clef: code Napoléon, discriminatoire, obéir à, vendeuse, bonne

3 Etes-vous de l'avis que le *MLF* a révolutionné les rapports entre les femmes et les hommes? Pensez-vous que ces rapports ont besoin d'être révolutionnés?
Mots clef: majorité écrasante, patronne, phallocrate, idée stéréotypée, caractéristiques féminines

Seconde partie

1 Selon vous, pourquoi Anne et Odile ont-elles besoin de se détendre? Qu'est-ce qu'elles aiment faire en dehors des heures de bureau?
Mots clef: gamines, traiter, stressant, crispé, métro, tricoter, yoga

2 Qu'est-il arrivé à Danielle l'autre jour?
Mots clef: se mettre à côté de, draguer, prendre un pot, coordonées, coup de fil, se donner rendez-vous, poser un lapin

3 Quel est le dénoument de son histoire et pourquoi le comportement de M. Fouet est-il surprenant?
Mots clef: hôpital, faire la commission, gentil, mener la vie dure, piquer une colère

Révision: Chapitres 11 à 20

Traduisez les phrases suivantes en français:

1 You've just got to be more careful!
2 We went out boating as soon as the weather had settled down.
3 I'm dreadfully sorry but I can't do anything about it.
4 We'll have to wait for them to give it back to us.
5 Anne didn't want to say much about what had happened to her.
6 You shouldn't have let yourself be persuaded to buy a second-hand car from such a man!
7 Why else would he have asked you if you were going out with Jean?
8 I am all the more pleased as your sister has succeeded as well.
9 No matter how expensive they may be, I still want at least three!
10 I don't find it right that someone that old should still have to work.
11 As London is one hour behind Paris, you'd better give him a ring straight away.
12 I'm not used to being told what I have to do when I'm on holiday!

Key to the exercices

1 1 Tous les habitants, hommes, femmes, enfants, vieillards, ont été évacués. 2 Beaucoup de gens croient que la plupart des Anglais n'aiment pas la bonne cuisine. 3 Avez-vous encore de la bière? Je suis désolé, mais nous n'avons que du vin. 4 Il est banquier, propriétaire de plusieurs maisons et père de trois enfants. 5 Je lis le russe, je comprends un peu le hollandais, mais je parle roumain. 6 Ce n'est pas un très bon employé: il passe les trois-quarts du temps à bavarder. 7 Nous avons vu des choses très intéressantes et mangé de très bons repas. 8 Je veux porter des gants parce que j'ai les mains gelées. 9 On dit que la Provence est une région d'un intérêt exceptionnel. 10 Nous n'avons eu que des œufs pour le pique-nique parce que François avait oublié le jambon.

2 1 Mit 2 furent 3 ne dit pas 4 s'arrêta, descendirent 5 fit 6 se connurent 7 ne put 8 fut-il 9 lut, posa, décrocha 10 revint

3 1 voyais, saurais 2 enverrais, connaissais 3 mourraient, donnait 4 étions, pourrions 5 devait, se lasserait 6 vous sentiriez, fumiez 7 attendions, verrions 8 liiez, tiendrait

4 1 cueillais, j'ai vu 2 a vécu, a dû, a éclaté 3 avons reconnu, avait 4 avait, ont presque tous disparu 5 sont venus, se trouvaient 6 vivais, est morte 7 nous sommes décidés, faisait 8 J'ai prêté, voulais

5 1 Nous nous serions fait, avaient été 2 aurait dû 3 aurait été 4 auriez payé, vous ne l'aviez pas achetée 5 serions venus, avions été 6 avais pu, j'y serais allé (e) 7 étions restés, aurions vu 8 tu l'avais fait, ça aurait été

6 1 pendant (but may be omitted) 2 d'ici 3 en 4 au bout de 5 au cours des 6 depuis 7 dans, depuis, pour 8 dès

7 1 fassions 2 reçoive 3 puisse 4 sache 5 prennent 6 conduise 7 dise 8 assistiez 9 bénéficiiez 10 ait

8 1 j'aie jamais vue 2 se fassent (or se soient fait) 3 soyons arrivés 4 soit réélu 5 ait écrite 6 veuille, vous mettiez 7 s'agisse, sachent 8 m'ait été

9 1 emmener 2 ramener 3 apportiez (ameniez*) 4 remporté 5 emporter 6 amener 7 amène 8 apporté 9 rapportes (ramènes*) 10 emmené

Révision 1–10 1 La plupart des gens qui vont dans les Alpes à cette époque-ci passent une semaine dans une station de ski. 2 Vous n'auriez pas dû payer votre repas si cher. 3   Le camping est à vingt minutes de route de la plage la plus proche. 4   Où est-ce que je peux me faire couper les cheveux dans le coin? 5   Qu'est-ce qu'il fait chaud! Je n'ai vraiment pas envie de rester au soleil! 6   Nous aurions pu louer une villa si nous avions été plus nombreux. 7   Tout le monde a fait le tour de l'extérieur de la cathédrale avant de descendre à la crypte. 8   Où en sommes-nous dans le livre? Nous en sommes à la page vingt-deux. 9   Il a dû oublier de fermer la porte à clef. 10   Eric s'était cassé le bras, ce qui a fait qu'il ne pouvait pas (n'a pas pu) assister à la conférence. 11   On n'aurait pas dit que la guerre était sur le point d'éclater. 12   Ce que vous dites (racontez) n'a rien à voir avec ce que je viens de vous dire.

11 1   Va-t'en! 2   Ne vous asseyez pas par terre! 3   Ne lui en parle plus! 4   Sachez-le! 5   Soyez-là à cinq heures pile! 6   Ne m'en voulez pas! 7   N'en aie pas peur! 8   Lave-toi les mains! 9   Ne vous faites pas couper les cheveux! 10   Achetez-vous-en un autre!

12 1   Je dois la lui réparer. 2   J'ai promis de les lui donner. 3   N'en prenez pas. 4   La loi les y autorise. 5   Donnez-lui-en plus. 6   J'ai eu du mal à le leur faire comprendre. 7   Tu devrais y ajouter une pincée de sel. 8   Je ne peux pas tout faire pour eux. 9   Pouvez-vous nous le faire pour lundi? 10   Il faut leur en offrir au moins trois.

13 1   dont 2   à quoi 3   duquel 4   quoi 5   dont 6   à qui 7   qui, lesquels 8   auxquelles 9   de quoi 10   pour laquelle

14 1   Ces sociétés sont gérées de façon peu efficace. 2   Un nouveau record devrait être atteint d'ici quelques jours. 3   La photo fut prise à contre-jour. 4   Les clients n'étaient jamais reçus le dimanche. 5   Le café doit être moulu pour les filtres-papier. 6   La séance sera close à six heures moins le quart. 7   Les boutons sont cousus à la main. 8   Quelques notions de la langue doivent être acquises en terminale. 9   Les mûres auraient dû être cueillies avant le premier gel. 10   Des choses pareilles sont toujours vues d'un mauvais œil.

15 1   à moins que 2   pourvu que 3   De même que 4   jusqu'à ce que 5   dès que 6   alors que/tandis que 7   ainsi que/aussi bien que/de même que 8   (au fur et) à mesure 9   afin que 10   (au fur et) à mesure que

16 1   dans les, sur la 2   A, pour 3   Dans, en 4   du, sous le 5   depuis les, jusqu' aux/des, aux 6   dans, depuis 7   contre 8   à, par 9   sur, à la 10   aux, de

17 1   à, de 2   à, de 3   à 4   de, à 5   à, à 6   à, de 7   de, au 8   de, à 9   à, au, du 10   à, de, de

18 1   comprît 2   épousât 3   trouvassent 4   fût 5   fussent 6   eût 7   franchît 8   dût 9   rejoignît 10   fissent

19 1   auprès de 2   suite à 3   de la part de 4   en mesure de 5   en rupture de 6   en raison de 7   à l'égard de 8   à l'encontre de 9   d'après 10   à force de

Révision 11–20 1   Vous n'avez qu'à faire plus attention! 2   Nous sommes sortis faire du bateau dès que le temps s'était calmé. 3   Je suis vraiment désolé, mais je n'y peux rien. 4   Il va falloir attendre qu'ils nous le rendent. 5   Anne ne voulait pas dire grand-chose à propos de ce qui lui était arrivé. 6   Vous n'auriez pas dû vous laisser persuader d'acheter une voiture d'occasion à un homme pareil! 7   Pour quelle autre raison vous aurait-il demandé si vous sortiez avec Jean? 8   Je suis d'autant plus content que votre sœur ait réussi également. 9   Si (aussi) chers qu'ils soient, j'en veux toujours au moins trois! 10   Je ne trouve pas normal que quelqu'un de cet âge-là soit toujours obligé de travailler. 11   Puisque Londres a une heure de retard sur Paris, vous feriez mieux de lui passer un coup de fil tout de suite. 12   Je n'ai pas l'habitude qu'on me dise ce que je dois faire quand je suis en vacances!

French–English Vocabulary

abord: d' — first of all
aborder to deal with, tackle
aboutir to succeed (plans)
aboutissement (*m*) outcome, success
abri shelter; **se mettre à l'** — **de** to shield o.self from
abus (*m*) abuse, misuse
achat (*m*) purchase
achever to finish off
accent (*m*) accent, emphasis; **mettre l'** — **sur** to emphasise
accueil (*m*) welcome, reception area
accueillir to welcome, receive
accord (*m*) *1* agreement; **d'** — all right; **se mettre d'** — **avec qn** to come to an agreement with s.o. *2* link
actif (*m*): **à son** — to o.'s credit
actualité (*f*) current events; **d'** — topical
actuel(-lle) present, current; **actuellement** presently
addition (*f*) bill
admettre to admit, accept
admissible acceptable
adversaire (*m, f*) opponent
affaire (*f*) (legal) case, business, story; **avoir** — **à** to have to deal with
affiche (*f*) poster
affluence (*f*) crowds; **mois d'** — peak months
afin de/que in order to
agir to act; **il s'agit de** it is a question of
aide (*f*) help; **à l'** — **de** with the help of
ailleurs elsewhere; **d'** — besides;

par — furthermore; **partout** — everywhere else
aigu(ë) sharp, acute
aimable kind, nice
aîné elder
ainsi thus, thereby; — **que** as well as
air (*m*) *1* air; **avoir l'** — to seem, look, sound *2* tune
aise (*f*): **mal à l'** — uneasy; **se sentir à l'** — to feel comfortable; **aisé** *1* easy *2* well off
ajouter to add
aléa (*m*) hazard
aliment (*m*) food
alimentaire eating, food (*adj.*)
aller to go; — **à qn** to suit s.o.; **s'en** — to go away; **il en va de même de** the same thing applies to
s'allonger to lie down
alors que whereas
aménagement (*m*) conversion, alteration
aménager to fit out, convert (room)
ancien(-nne) old, former
âne (*m*) donkey
animateur(-trice) (group) leader, radio/TV presenter
animé lively
antipodes: être aux — **de** to be the exact opposite of
appareil (*m*) apparatus
apparence (*f*) appearance
appartenir à to belong to
appel (*m*) call; **faire** — **à** to call on, appeal to
apprendre *1* to learn, hear (information) *2* to teach

appui (*m*) support; **des exemples à l'** — backed up with examples

d'après according to, judging by

l'après-guerre (*m*) period after Second World War

(s')appuyer to lean, rest; **appuyer sur un bouton** to press a switch

arranger to arrange, put right

s'arranger *1* to come to an agreement *2* to make arrangements *3* to sort itself out

arrière (*m*) back; **à l'—de la voiture** in the back of the car; **en**— backwards, sticking out behind

arriver *1* to arrive, happen *2*—**à faire qch** to manage to do sth.

assurance (*f*) assurance, insurance

s'assurer que to ensure that

atelier (*m*) workshop, artist's studio

atteindre to attain, reach

attente (*f*) expectation, wait(ing); **dans l'—de** looking forward to

attirer to attract

au-delà de beyond

augmenter to increase

auparavant previously

aussitôt immediately

autant as many, as much; **d'**—**plus que** all the more so as; **pour**— for all that

auteur (*m*) author, perpetrator

autonome independent

autre other;—**chose** something else; **entre**—s among other things

autrefois in previous times

autrement otherwise;—**dit** in other words

avance (*f*): **à l'**— beforehand

avenir (*m*) future; **à l'**— in the future

s'avérer to prove, turn out

avertissement (*m*) warning

avis (*m*) opinion; **à mon**— in my opinion; **de l'**—**de** in the opinion of

avocat (*m*) *1* lawyer *2* avocado pear

(se) baigner to bathe

bail (*m*) lease

baisser to lower

baisse (*f*) **de** fall in

baladeur (*m*) walkman (personal stereo)

banlieue (*f*) suburb, suburbs

bavarder to chat

belge Belgian

bénéfique beneficial

bien well, good; **faire du**—**à qn** to do s.o. good

biens (*m. pl.*) possessions

bled* (*m*) godforsaken place

boîte (*f*) *1* box *2** firm *3*—**(de nuit)** night-club

bon good, right; **à quoi**—**?** what's the point (in)?;—**marché** cheap;—**vieux temps** good old days

bord (*m*) edge; **au**—**de la mer** at the seaside

boulot* (*m*) job, work

bouleversement (*m*) upheaval

bouche (*f*) mouth

brancher to plug in

brouillard (*m*) fog

brûler to burn

bruyant noisy

but goal, aim; **dans le**—**de** with the aim of

ça y est ! that's it, there we are!

cadre (*m*) *1* frame, framework *2* executive;—**supérieur** senior executive

campagne (*f*) *1* countryside *2* campaign *3* (female) companion

car because, for

carré (*m*) square

carrément definitely, quite simply, bluntly

carrière (*f*) career

(se) casser to break

cause (*f*) cause; **à**—**de** because of; **mettre en**— to call into question

cave (*f*) cellar

être censé to be supposed to

cependant however

certes certainly

cesser to stop

chance: avoir de la— to be lucky

chair (*f*) flesh

champignon (*m*) mushroom, fungus

changement (*m*) **de** change in

charge (*f*) load; **à la**— **de** payable by; **prendre en**— to take care of

charger to load; **se**— **de** to assume responsibility for; **être chargé de** to be (made) responsible for

chauffer to heat

chef (*m*) **d'œuvre** masterpiece

cheminée (*f*) chimney, fire place

chercher to look for;— **à** to try to

chimie (*f*) chemistry

choix (*m*) choice; **de**— choice, selected

chômage (*m*) unemployment

chouette* super

ci-joint enclosed

cible (*f*) target

cicatrice (*f*) scar

citer to quote

clair clear; **vert**— light green

climatisation (*f*) air-conditioning; **climatisé** air-conditioned

clore to close (meeting)

coin (*m*) corner; **dans le**— in the neighbourhood

colis (*m*) parcel

commande (*f*) order

commander qch à qn to order sth. from s.o.

comme like, as;— **ça** like that, that way;— **quoi** which goes to show that;— **tu es drôle !** you *are* funny!

commerçant(e) shopkeeper, trades-man

commissariat (*m*) **de police** police station

commode convenient

comportement (*m*) behaviour

comporter to include

comprendre *1* to understand *2* to include; **faire**— **qch à qn** to get s.o. to understand sth.

compte (*m*):— **en banque** bank ac-count; **en fin de**— when all is said and done; **les comptes** the ac-counts; **pour le**— **de qn** for s.o.'s benefit; **tout**— **fait** all things con-sidered

compter to count, intend;— **avec** to reckon with;— **sur** to count on

comptoir (*m*) counter

se concentrer sur to concentrate on

concerner to concern; **en ce qui**— **qch** as far as sth. is concerned

concevoir (*p.p. conçu*) to conceive, design

concurrence (*f*) competition; **faire**— **à** to compete with; **être con-currencé par** to be in competition with; **concurrent(e)** competitor

condamner to condemn;— **à** to sentence to

conduite (*f*) *1* driving *2* behaviour

conférence (*f*) lecture

confiance (*f*) trust, confidence; **faire**— **à** to trust

confier qch à qn to entrust s.o. with sth.

se conformer à to comply with

connaissance (*f*) *1* (piece of) knowledge *2* acquaintance; **faire la** – **de qn** to get to know s.o.

connaître *1* to know, be acquainted with *2* to experience, undergo; **se**— to know one another, meet (for the first time)

consacrer à to devote (time, money) to

conseiller à qn de faire qch to advise s.o. to do sth.

conséquent consistent; **par**— con-sequently

consister: — **de/en, qch** to consist of sth.; — **à faire (qch)** to consist in doing (sth.)

consommateur(-trice) consumer, customer (in bar); **consommation** (*f*) consumption, drink (in bar)

consommer to consume

constater to note, to observe

contemporain de contemporary with

contenter to please; **se — de** to make do with

contester to challenge

contraire (*m & adj.*) opposite; **au —** on the contrary; **contrairement à** unlike

contre against; **par —** on the other hand

contresens (*m*) misinterpretation

contrevenir à to contravene

contrôler to control, check (up on)

controversé controversial

convenir à to suit

convenable suitable

côté (*m*) side; **à — de** beside; **du — de la conception** from the design angle

couche (*f*) layer

coudre (*p.p. cousu*) to sew

coup blow; **du même —** at one and the same stroke; **porter un — à** to deal a blow to

couper to cut (off)

courant (*m*) current

courant *1* common, everyday *2* fluent

coureur(-euse) runner, cyclist (in race)

couteau (*m*) knife

court short; **à — de** short of

cours: au — de during

craindre to fear

créer to create

critique (*f*) criticism

critique (*m*) critic

croire to believe, think; **— bon de** to see fit to

croquis (*m*) sketch

culpabiliser qn to make s.o. feel guilty

cueillir to gather

cru raw

davantage more

débarquer to land (boat)

décider qn to make s.o.'s mind up

se débarrasser de to get rid of

déborder to overflow, extend beyond; **être débordé (de travail)** to be snowed under (with work)

se débrouiller to get by

début (*m*) beginning; **débuter** to begin (career)

décalage (*m*) gap, discrepancy; **— horaire** jet lag, time difference

découvrir (*p.p. découvert*) to discover

se décider à to make up o.'s mind to

déconsidérer to discredit

décrocher: — un contrat to land a contract; **— (le téléphone)** to pick up the receiver

défectueux (*m*) faulty

dégager *1* to clear (passage, profits) *2* to give off (odour) *3* to extract

déguster to taste

dehors (*m*) outside; **en — de** outside (of)

délit (*m*) crime, offence

démarche (*f*) *1* measure, step *2* gait

démarrer to move off; **faire démarrer qch** to get sth. started

déménager to move (house)

démesuré inordinate

denrée (*f*) foodstuff

dépasser to go beyond, overtake

se dépêcher to hurry up

dépenser (de l'argent pour) to spend (money on)

dernier(-ière) last, latest, latter

dès starting from, as far back as; **— le départ** from the outset; **— que** as soon as

se déplacer to get about

désespérer to despair

être désolé (pour) to be sorry (about)

destiné à intended for

se détacher to come off

détail (*m*) *1* detail; **entrer dans le —** to go into details *2* retail

détaillant(e) retailer

se détendre to relax; **détente** (*f*) relaxation

détourner to divert

détruire (*p.p.* **détruit**) to destroy

devoir (*m*) *1* duty *2* homework

différence (*f*): **faire la —** to tell the difference; **à la — de** unlike

dingue* crazy

direction (*f*) *1* direction *2* management

diriger to direct; **se — vers** to head towards

discuter de qch to discuss sth.

disparaître to disappear; **disparition** (*f*) disappearance

disponible available; **disponibilité** (*f*) availability

disposition: mettre qch à la — de qn to place sth. at s.o.'s disposal

se disputer avec qn to have an argument with s.o.

dommage (*m*) harm, damage; **c'est —** it's a shame

donné: étant — que given that

donner à manger à to feed

double: coûter le — to cost twice as much

doublé de coupled with

doubler *1* to double *2* to overtake

doué gifted

douleur (*f*) pain; **douloureux** painful

doux(-ce) sweet (wine); mild, soft, gentle

droit (*m*) law, right; **avoir — à qch** to be entitled to sth; **avoir le — de faire** to be entitled to do

durée (*f*) length (of time)

éboueur (*m*) refuse collector

écarter *1* to remove, move apart *2* to rule out

échantillon (*m*) sample

échelle (*f*) ladder, scale; **à grande —** on a large scale

éclater to burst, break out

écran (*m*) screen

écrasant crushing; **majorité écrasante** overwhelming majority

effectif (*m*) workforce (member)

effectuer to carry out, execute

effet (*m*) effect; **en —** in effect

efficace efficient, effective

s'effonder to collapse

s'efforcer de to strive to

égal equal; **cela m'est —** I don't mind; **également** equally, also

égard (*m*): **à l'— de** with respect to; **à plusieurs — s** in several respects

élevé high; **élever** to raise, breed

s'élever to rise; **— à** to amount to; **— contre** to protest against

emballer *1* to pack *2** to excite

embarras: avoir l'— du choix to have a very wide choice

embaucher qn to hire s.o.

emploi (*m*) *1* use *2* job

embouteillage (*m*) traffic jam

empêcher qn de faire qch to prevent s.o. from doing sth.; **n'empêche!** that makes no difference!

emporter to take away; **l'— sur** to prevail over

encaisser to cash

encontre: à l'— de contrary to, against

encore again; **— plus** even more

endroit (*m*) place

enfin finally; **ecoute —!** listen, will you!

ennui (*m*) boredom, annoyance, trouble; **s'attirer des e — s** to get into trouble

ennuyer to annoy, bore

énormément de (an) enormous amount of

enregistrer to record

entendre *1* to hear *2* to understand; **qu'entendez-vous par là?** what do you mean by that?

s'entendre avec qn to get along with s.o.

enthousiaste enthusiastic

entier whole, entire

entourer de to surround by
entraîner to entail
entrée (*f*) *1* entrance, entry *2* main dish
entretien (*m*) interview, talk
envahir to invade
envie (*f*): **avoir — de** to feel like; **cela vous donne — de** it makes o. want to
environ approximately
envoyer to send; **— un mot à qn** to drop s.o. a line
épais(-sse) thick
éparpiller to scatter
époque (*f*) period, time (of year, etc.)
épouser to marry
épreuve (*f*) (sporting) event, ordeal
éprouver to experience, feel (need)
équipe (*f*) team; **— de cinéma** film crew
espèce (*f*) sort, species
espérance (*f*) hope, expectation
espion(-nne) spy
essuyer to wipe
établissement (*m*) establishment
(s)'étaler to spread
étape (*f*) degree, stage
état (*m*) state; **en bon —** in good repair; **— de choses** state of affairs; **en — de marche** in working order
éteindre to extinguish; **s' —** to die out
étranger(-ère) *1* foreigner; **à l' —** abroad *2* (*adj.*) foreign
étroit narrow, close (link);
étroitement closely
événement (*m*) event
évêque (*m*) bishop
éviter de to avoid
évoquer to evoke, mention
exiger to demand
expérimenter to try out; **expérimenté** experienced
exposition (*f*) exhibition
extérieur (*m*) outside, exterior; **à l' — de** outside (of)

fabricant (*m*) manufacturer
fabrique (*f*) factory
fabriquer to manufacture
face: — à faced with; **en — de** opposite
fâcher to make angry
façon (*f*) means, way; **à sa —** in o.'s own way
fade bland
faire to make, do; **comment se fait-il que?** how come that?; **faire faire qch** to get sth. done; **— la description de** to describe; **— l'historique de** to make a (historical) review of; **— la promotion d'un produit** to promote a product; **— le résumé de** to summarise; **faites donc!** do so, then!; **pour ce —** in order to do this; **se — à** to grow used to
fait (*m*) fact; **de ce —** on account of that; **du — que** due to the fact that; **être le — de** to be the work of, be due to
falaise (*f*) cliff
falloir to be necessary; **il faut de l'argent** some money is needed; **comme il faut** proper, properly
familier familiar; **animal —** pet; **expression familière** colloquialism
favoriser to favour
féerique magical
feuilleter to leaf through
fidèle faithful
fier(-ère) proud
filiale (*f*) subsidiary
fine gueule (*f*) gourmet
fisc (*m*) Inland Revenue
fixer to set (price, etc.); **fixe** fixed, set
fond: au — basically; **au — de** at the bottom of, at the back of
fonds (*m. pl.*) funds
fonte (*f*) cast iron
à force de by dint of
forcément necessarily
forme (*f*) shape; **sous la — de** in the shape of
formulaire (*m*) form

fort *1* very *2* strong; — **en français** good at French; **au plus — de l'hiver** in the depths of winter

fournir qch à qn to supply s.o. with sth.

fournisseur (*m*) supplier

franchir to cross (obstacle)

frapper to strike, hit, knock

friable crumbly

fugace fleeting

fuir to flee, leak

fuite (*f*) flight, leak; **prendre la —** to run away

gamme (*f*) range

gant (*m*) glove

garder to keep; **se — de** to be wary of

gel (*m*) frost

geler to freeze

génial *1* of genius *2** super

gêner to bother, trouble, embarass

genou (*m*) knee

genre (*m*) sort, kind

gérer to manage, administer

gestion (*f*) management, running

glace (*f*) *1* (large) mirror *2* ice cream, ice

global overall

goût (*m*) taste; **prendre — à qch** to get to like sth.

goûter (à) to taste

grâce à thanks to

grandir to grow up

gras (*m*) fat; **gras(-sse)** fatty

grave serious

gros(-sse) big, fat; **le — de** the bulk of; **— plan** close-up (shot)

grossiste (*f, m*) wholesaler

ne . . . -guère hardly

guerre (*f*) war

habile skillful; **habileté** skillfullness

habitude custom, habit; **que d' —** than usual; **avoir l' — de** to be used to

(s') habituer à to get used to

hasard (*m*) chance; **hasardeux (-euse)** risky

hebdomadaire *1* (*adj.*) weekly *2* (*m*) weekly publication

heure (*f*) hour, time; **à l' —** on time; **à l' — actuelle** at the present moment

horaire (*m*) timetable

homologue (*m*) counterpart, opposite number

honte (*f*) shame; **c'est une —!** it's a disgrace!

hospitalier(-ière) hospitable, hospital (*adj.*)

huissier (*m*) bailiff

huître (*f*) oyster

ici: par — around here, this way

idée (*f*) idea; **se faire une — de** to get an idea of

ignorer not to know about

illisible illegible, unreadable

immeuble (*m*) building

image (*f*): **— de marque** brand/public image

importance (*f*) importance, size

important important, sizeable

importer to have some importance; **peu importe** never mind

imposer à to impose on

impôt (*m*) tax

impuissant powerless

inadmissible unacceptable

inclure (*p.p. inclus*) to include

incomber à to be incumbent upon

inconvénient (*m*) drawback

industriel industrialist

informatique (*f*) computer sciences, data-processing

inonder de to flood, inundate with

s'inquiéter de to worry about

(s') installer to settle (down)

interdire to forbid

s'intéresser à to be interested in

intérêt (*m*): **avoir — à** to be in s.o.'s interest to; **agir dans son —** to act in o.'s own interests

invité(e) guest

jeu (*m*) game, acting, set (cards, etc.)

jeunesse (*f*) youth

joindre (*p.p. joint*) to join; — **qn** to get hold of s.o.

jour (*m*): **de nos — s** nowadays; **du — au lendemain** overnight

juger to judge; — **de qch** to appreciate, judge sth.

jusqu'à as far as, until, up to

juste correct, just; **au —** exactly; — **à côté** right beside; **justement** exactly, in fact

justificatif (*m*) (written) justification

là-bas over there, down there

là-haut up there

lancement (*m*) launching

lancer to throw, launch

large wide

large (*m*) the open sea; **au —** out at sea; **au — de** off (coast)

se lasser de to grow weary of

lave-vaisselle (*m*) dishwasher

lecture (*f*) reading (matter), interpretation

légende (*f*) legend, caption

légèreté (*f*) lightness

lendemain (*m*) the day after; **au — de** just after

en toutes lettres in black and white

lieu (*m*) place; **avoir —** to take place

lier to bind, connect; **lié à** linked to

loin far; — **de là !** far from it!; — **de moi** far be it from me

location (*f*) hiring, rental

logement (*m*) accommodation

lointain distant

le long de along

longueur (*f*) length; **à — de journée** throughout the day

lors de during, at the time of

louer *1* to hire *2* to praise

loyer (*m*) rent

maillot (*m*) (**de bain**) swimming costume

main (*f*) **d'œuvre** labour (force)

maintien (*m*) preservation, upholding

mal badly; **pas —** really good; **pas — de** quite a few; **se faire —** to hurt o.self; **avoir du — à** to have trouble in

malgré in spite of

malheur (*m*) misfortune

malheureux(-se) unfortunate

manière way, manner; **la — dont** the way in which; **de toutes manières** in any case; **à la — de** in a similar way to; **de — à ce que** in such a way that

maquette artwork, (architect's) model

marché (*m*) market

marcher *1* to walk *2* to work (machine)

marquant (*m*) prominent

marque (*f*) brand

marrant* amusing

marre**: en avoir — de qch to be fed up with sth.

matière (*f*) matter, school subject; **en — économique** as far as economics goes

méchant nasty, wicked

méconnu unrecognised

méfiance (*f*) distrust

mélange (*m*) mixture

mélanger to mix

mêler to mix; **se — de** to get mixed up in

même same; **la chose —** the very thing; **à — de** in a position to; **de — que** in the same way as

mener to lead

mentir to lie

menton (*m*) chin

mépriser to despise

méprisable despicable

mériter to deserve

mesure (*f*) measure; **dans une certaine —** to a certain extent; **dans la — du possible** as far as possible; **en — de** to be in a position to

métier (*m*) job, trade; **de** professional

mets (*m*) dish

metteur (*m*) **en scène** (theatr.) producer, (film) director

mettre to put; **se — à** to begin to; **— à part** to leave aside; **— au point** to perfect, finalise; **— qch en marche** to get sth. started; **— en garde contre** to warn against; **— qch sur pied** to set sth. up; **— un terme à** to put an end to; **se — en route** to start out

mi: à mi-chemin de half way between; **à la mi-octobre** in mid-October; **à la mi-temps** at half time

mieux better; **faire de son —** to do o.'s best

milieu (*m*) middle, social milieu; **au beau — de** right in the middle of

minuscule tiny

mise (*f*) **en scène** production (theatr.)

mœurs (*f. pl.*) morals

moindre least, slightest

moins less; **à — que** unless; **au —** at least (at a minimum); **du —** at least (all things considered)

moisissure (*f*) mould

moment (*m*): **à ce — là** at that time, then; **en ce —** at the present moment

mondain(e) *1* fashionable; **la vie —** the social round *2* (m, f) socialite

moniteur(-trice) instructor

montant (*m*) total amount

moudre to grind

moquette (*f*) carpet

morceau (*m*) piece

moteur (*m*) engine

moyen (*m*) means; **au — de** by means of; **avoir les —s de** to afford

moyen(-nne) average (size, length, etc.); **en moyenne** on average

mûre (*f*) blackberry

naître (*p.p. né*) to be born

néanmoins nevertheless

nef (*f*) nave, aisle

neige (*f*) snow

ni ... ni neither ... nor

nier to deny

niveau (*m*); **au — de** on the level of, as regards

normal normal, right

nouveau(-elle) new; **à** *or* **de —** once again

nouveauté (*f*) novelty

nullement in no wise

nuire à to harm

nuisible harmful

occasion (*f*) opportunity

occidental western

œuvre (*f*) **d'art** work of art

s'occuper de to look after, deal with

omettre to omit

or now

ordinateur (*m*) computer

organisme (*m*) body

origine (*f*): **à l' —** originally

orner to adorn

os (*m*) bone

oser to dare

ôter to remove

outrance (*f*) outrage

outre in addition to; **en —** in addition; **— Manche** the other side of the English Channel; **— mesure** overmuch

ouverture (*f*) opening

pancarte (*f*) sign, notice

panier (*m*) basket

par by, through; **— contre** on the other hand; **— gentillesse** out of kindness

parcourir to travel through, look through

pardonner qch à qn to forgive s.o. sth.

parent(e) parent, relative

parfois sometimes

parler: sans — de not to mention

parmi among

part (*f*) share, portion; **à —** apart from; **de la— de qn** from, on behalf of, on the part of s.o.; **de — et d'autre de** on both sides of; **prendre—à** to take part in

partager to share

participer à to participate in

particulier(-ère) *1* particulier, individual, private *2* (*m, f*) private individual

partie (*f*) *1* part; **une bonne—de** a good deal of; **faire—intégrante de** to be an integral part of *2* game, round

partir to leave; **–à la chasse, à la pêche** to go hunting, fishing; **à — de** from, starting from

partisan(-e) supporter

partout everywhere; **un peu—** just about everywhere, all over the place

parvenir à to reach, manage to; **faire—qch à qn** to get sth. to s.o.

passage (*m*) *1* passage *2* state of motion

passager(-ère) *1* fleeting (*adj.*) *2* passenger

pas (*m*) step

passe: être en—de faire to be on one's way to doing

passé (*m*): **par** *or* **dans le—** in the past; **au—** in the past (tense)

passer *1* to pass, go; **—par** to go through, include; **—à autre chose** to move on to sth. else *2 —* **un contrat** to sign a contract *3 —* **un coup de fil à qn*** to give s.o. a ring *4 —du temps à faire qch** to spend time doing sth. *5 —un film, un disque** to show a film, play a record *6 —qch sous silence** to remain quiet about sth.

se passer de qch to do without sth.

passionnant fascinating, enthralling

pâte (*f*) batter, dough, paste, **pâtes** pasta

paysage (*m*) landscape

paysan(-nne) peasant

peau (*f*) skin

peindre (*p.p peint*) to paint

peine (*f*): **à —** hardly; **ce n'est pas la —** it's not worth it

pénible tiresome, painful

périphérie (*f*): **à la—** on the outskirts

permettre à qn de faire qch to allow, enable s.o. to do sth.

personnage (*m*) character; **haut —** important person

perte (*f*) loss

peu: à — près approximately; **— après** shortly after

photographe (*m, f*) photographer

photographie (*f*) photograph, photography

pied (*m*) foot; **sur un—d'égalite** on an equal footing

piège (*m*) trap

pincée (*f*) pinch

piste (*f*) track, (ski) slope

place (*f*) *1* (town) square *2* seat (ticket) *3* **assez de—** enough room *4* **sur—** on the spot

se plaindre de to complain about

plaire à qn to please s.o.

se plaire to enjoy o.self, thrive (plants)

plan (*m*) *1* (street) map *2* **sur le— de** with respect to

plat flat; still (water)

plateau (*m*) tray

plein full; **en—air** in the open air; **en—mois de mai** right in the middle of May

pleuvoir (*p.p. plu*) to rain

plonger to dive, plunge

plus: ne ... plus no more; **—maintenant** not any more; **—jamais** never again

poids (*m*) weight

poignée (*f*) handful

point (*m*) point; **—de répère** frame of reference; **à tel—que** to such an extent that; **être sur le—de** to be about to

pôle (*m*) **d'attraction** magnet
porter to bear, carry, wear
se porter to fare
poser to place
pour: —**ce qui est de** as regards; —**que** in order that
pourri rotten
poursuivre to continue, pursue
pourtant however
pourvu que provided that
pousser to grow (plant), push
pouvoir (*m*) power; **au**— in power
pouvoir to be able to; **je n'y peux rien** I can't do anything about that; **il se peut que** it may be (the case) that
prêcher to preach
se précipiter to hurry along
préciser to specify
précision (*f*) specification
préjudice (*m*) damage, wrong, harm; **porter**—**à** to harm, to do a disservice to
préjugé (*m*) prejudice
s'en prendre à to attack
près: —**de** close to; **à un mètre**— within the nearest metre; **de**— closely
présenter to present, introduce (s.o.)
se présenter *1* to occur, crop up *2* to introduce o.self; —**à l'enregistrement** to check in; —**à son travail** to turn up for work
pressant urgent
presser *1* to squeeze *2*—**qn de faire qch** to urge s.o. to do sth. *3* **être pressé** to be in a hurry
prêt ready
prêt (*m*) loan
prévision (*f*) expectation, forecast
prévoir to foresee, envisage, expect
prier to pray; —**qn de faire qch** to beg s.o. to do sth.
printemps (*m*) spring
prise (*f*) capture, catch (fish)
proche de close to
producteur(-trice) producer

produire to produce
se produire *1* to come about *2* to perform
profit (*m*): **mettre qch à**— to turn sth. to good account
propos (*m*) utterance; **à**— by the way; **à**—**de** on the subject of
proposer to propose, suggest, offer
propre *1* clean *2* own; **ses**— **biens** o.'s own possessions; **ses biens**—**s** o.'s own (specific) possessions *3*—**à** apt to, peculiar to
proprement *1* cleanly *2* **à**—**parler** strictly speaking; **la production**—**dite** actual production (itself)
propriétaire (*m, f*) owner, landlord
provenance (*f*) place of origin; **en**—**de** originating from, coming from
provenir de to originate, come from
la province the provinces; **de**— provincial; **en**— in the provinces
provoquer to provoke, give rise to
public (*m*): **le grand**— the general public
puisque since, as
puissant powerful

qualifier de to label as
quand when; —**même** even so
quant à as for
que: c'est— it is because; **qu'il fait chaud!** how hot it is!
quelconque *1* mediocre *2* whatsoever
quoi what; **en**— in what way; —**que** whatever; —**qu'il en soit** be that as it may
quoique although
quotidien(-nne) everyday; **quotidiennement** daily

racine (*f*) root
raconter to tell
raisin (*m*) grape, grapes

raison (*f*) reason; **avoir —** to be right; **avoir — de** to get the better of; **en — de** on account of; **donner — à qn** to side with s.o. prove s.o. right

ramasser to pick up (from ground), collect

rang (*m*) rank, row; **être au — de** to count among; **au premier —** in the front row, in the lead

rappeler: *1* **— qch à qn** to remind s.o. of sth. *2* to ring back

se rappeler qch to remember sth.

rapport (*m*) connection, link; **par – à** in relation to

rapporter *1* to bring back, take back *2* to report *3* to yield, net

se rapporter à to refer to, have a connection with

rater to miss (bus, opportunity), spoil, fail (exam)

réalisation (*f*) achievement

réaliser *1* to realise *2* to achieve, complete, make

se réaliser to occur, come true

réaménager to refurbish

récemment recently

recette (*f*) *1* recipe *2* takings

(se) réchauffer to warm up, reheat

recherche (*f*) (piece of) research; **à la — de** in search of

rechercher to search for

réclamation (*f*) complaint, demand

réclamer to demand

récolte (*f*) harvest

reconnaissance (*f*) recognition, acknowledgement gratitude

reconnaître to acknowledge, to recognise

recourir à to resort to

recueillir to gather

redevance (*f*) royalty, licence fee

redouter to fear

réduire to reduce

référence (*f*) reference; **faire — à** to refer to

réfléchir à to think about

reflet (*m*) reflection (light)

réflexion (*f*) reflection (thought)

refuser de to refuse to

se refuser à to refuse (to accept)

régime (*m*) *1* system (medic., gov., etc.) *2* diet; **se mettre au —** to go on a diet

régir to regulate, govern

règle (*f*) rule; **en – générale** as a rule; **être en —** to be in order

règlement (*m*) *1* settlement (argument, invoice) *2* rule, regulation(s)

régler *1* to pay *2* to regulate *3* to settle

rejoindre to meet up with

remarquer to notice; **faire —** to point out; **remarquez!** mind you!

remettre *1* to put back *2* to postpone *3* to hand over

se remettre de to get over

remonter to go back (in time), go back up, take back up; to reel in

remplir to fill, fill in

remporter to carry off, win

rendre to give back, hand in, render

se rendre *1* to go *2* to surrender; **se – compte de qch** to realise sth.

renom (*m*) fame; **renommée** (*f*) fame, reputation

renseignement (*m*) information

rentable profitable; **rentabiliser** to make a profit out of

renvoyer *1* to echo back, reflect back, send back *2* to dismiss

(se) répandre to spread; **répandu** widespread

répartir to share out, spread out; **(se) — en** to divide into

repas (*m*) meal

répliquer to retort

reposant relaxing

reprendre *1* to take back *2* to help o.self to *3* to resume

reprise (*f*) revival, (economic) recovery

répugner à to be loath to

réseau (*m*) network

réservé à reserved for

résidence secondaire holiday home
résister à qch to resist sth.
ressembler à qch to resemble sth.
restreint limited
retard (*m*) delay; **en—** late; **prendre du—** to fall behind
retirer to withdraw
retour (*m*) return; **être de—** to be back
réussir à to succeed in
revenir to come back
roturier(-ère) commoner
rompre to break
roulements (*m. pl.*) **à bille** ball bearings
rouler to roll, drive along
royaume (*m*) kingdom
rupture; en— de stock out of stock; **—de contrat** breach of contract

sain healthy
saisir to seize, grasp
saisissant remarkable
salarié (e) wage-earner
salle (*f*) room, theatre
santé (*f*) health
sauter to jump; **—aux yeux** to be immediately obvious
savant(e) *1* scientist, scholar *2* (*adj.*) learned, skilful
saveur (*f*) flavour
savoir to know; **à—** namely; **faire—qn** to let s.o. know
savoir (*m*) learning, knowledge
science (*f*) science, knowledge
scolaire educational, school (*adj.*)
séance (*f*) session
secouer to shake
secteur (*m*) *1* sector, (ind.) branch *2* (elec.) mains
sein (*m*) breast; **au—de** inside, within
séjour (*m*) *1* stay *2* living room
selon according to; **—que** according to whether
semblable similar
semblant: faire—de to pretend
sens (*m*) sense, direction

sensible sensitive, noticeable
septentrional northern
série (*f*) series
(se) serrer to tighten, squeeze together
service (*m*) service, department; **rendre un—à qn** to do s.o. a favour
se servir de qch to use sth.
seuil (*m*) threshold; **au—de** on the threshold of
siécle (*m*) century
signaler to point out
silencieux(-euse) silent
simple: —comme bonjour as easy as pie
sinon if not, otherwise
société (*f*) society, company
en soi in itself, in themselves
souci (*m*) worry, concern
soigner to care for
soin (*m*) care; **—s médicaux** medical treatment
soit ... soit either ... or
sol (*m*) ground, floor
soleil (*m*) sun; **au—** in the sun; **—couchant** setting sun
sommer qn de faire qch to enjoin s.o. to do sth.
sommet (*m*) summit
sondage (*m*) **(d'opinion)** (opinion) poll
sonner to ring
sort (*m*) fate, lot
sorte: de la— of the kind; **de telle— que** in such a way that; **en quelque—** so to speak
sortie (*f*) *1* excursion *2* exit; **à la— de** on coming out of
souple supple, flexible
soulever to lift, to raise (a question)
souligner to emphasise, underline
soutien (*m*) support
soutenir to back up, maintain
souvenir (*m*) memory
se souvenir de qch to remember sth.
souvent often
spectacle (*m*) show, spectacle, sight;

lieu de—place of entertainment
spontané spontaneous
station (*f*) *1* holiday resort *2* station (metro)
subir to undergo
suffire to be enough
suffisant sufficient
suite (*f*) continuation; **par la—** subsequently; **tout de—** right away **—à** following
supporter to bear
suivre to follow
supprimer to ban, do away with
sûr, sure safe, sure; **bien—** of course
surmonter to overcome
surtout especially
surveiller to survey, keep an eye on
susciter to give rise to
sympathique likeable, friendly

tableau (*m*) painting
tâche task
taille (*f*) *1* size; **de taille** considerable *2* waist
tailler to cut, hew
tant so much; **èn—que tel** as such; **—de** so many, so much; **en—que musicien** as a musician; **—pis** never mind; **—pis pour lui** too bad for him; **—que** so long as
tantôt ... tantôt sometimes ... sometimes
tarder à to take long in
tarif (*m*) price, fare
tas (*m*) heap, pile
taux (*m*) rate; **—de change** exchange rate
tel like; **une telle chose** such a thing; **—que** such as; **—quel** as it is/was
témoignage (*m*) testimonial, account, sign
tendance (*f*) tendency; **avoir—à** to tend to
tenir to hold; **—à faire** (*a*) to be keen to do (*b*) to be due to; **être**

tenu de to be required to; **tiens!** look here!; **tenez!** here you are!; **—compte de qch** to take sth. into account
tenter de *1* to attempt *2* to tempt
terminale (*f*) Upper Sixth
terrain (*m*) ground
tiers (*m*) third, third party
tirer to pull, draw; **tiré de** adapted from
titre (*m*) title; **à juste—** rightly so; **à—gratuit** free of charge; **à—personnel** in a personal capacity; **à—d'exemple** by way of an example **au même—que** just like
toucher *1* to touch; **ne pas—à qch** to leave sth. alone *2* to receive (money) *3* to affect
tournant (*m*) bend, turning point
toile (*f*) canvas
tout: —à coup suddenly; **—à fait** altogether, quite, **—de même** all the same
toutefois nevertheless
trait (*m*) feature; **sous les—de** in the guise of
traiter: bien—qn to treat s.o. well; **il m'a traité de menteur** he called me a liar; **—de** to deal with
travail (*m*) labour, work, job
travers; à— through
tromper to deceive,
se tromper to make a mistake; **je me suis trompé de numéro** I've got the wrong number
truc* (*m*) thing, knack
tuyau (*m*) *1* pipe, tubing *2* tip (advice)
type (*m*) *1* type *2** fellow

ultérieur subsequent
uni plain (colour), united
unique sole, unique; **uniquement** solely, exclusively
usage: faire–de to make use of
usine (*f*) factory

vacancier(-ère) vacationer
vachement** very, damned
vague (*f*) wave
vaisselle (*f*) crockery; **faire la—** to do the washing-up
valable valid; **être—** to hold good
valeur (*f*) value; **mettre en—** to turn to good account, enhance
valoir to be worth; **faire—** (*a*) to assert (o.'s rights) (*b*) to highlight; **il vaut mieux le faire** it's best to do it
vapeur (*f*) steam
veau (*m*) calf, veal
vedette (*f*) star
veille (*f*) the day before; **à la— de** on the eve of
veiller à ce que to see to it that
vendeur(-euse) seller, salesperson, shop assistant
vente (*f*) sale, selling
ventre (*m*) belly
vérité (*f*) truth: **dire ses quatre—s à qn** to tell s.o. a few home truths
verser *1* to pour *2* to pay
vêtu de dressed in
vide empty
vieillesse (*f*) old age
vieillir to age
vif(-ve) intense, vivacious, vivid; **sur**

le— in realistic situations
vigueur (*f*): **entrer en—** to come into effect
visage (*m*) face
visite (*f*) visit; **rendre—à qn** to visit s.o.
visiter to visit (place); **faire—un endroit à qn** to show s.o. round a place
vitesse (*f*) speed; **à toute—** at full speed
vivement strongly
voir: cela n'a rien à—! it has nothing to do with it; **—qch d'un mauvais œil** to view sth. unfavourably
voisin(-e) *1* neighbour *2* neighbouring
vœu (*m*) wish
volaille (*f*) poultry
volonté (*f*) will; **à—** as (much) as one likes
vouloir: en—à to bear a grudge against; **que voulez-vous!** what do you expect!
vouloir dire to mean
voulu deliberate
voyage trip; **faire un—** to go on a trip; **—d'affaires** business trip
vrai true; **à—dire** in actual fact

INDEX

BUSINESS FRENCH

BARBARA COULTAS

Now that the European market place is truly with us, thousands of business people are finding that they need to be able to say more than just 'Bonjour, Monsieur' if they are to survive. If you are one of them, and you've never learnt French before , or if your French needs brushing up, this is the ideal course.

Barbara Coultas has created a practical course that is both fun and easy to work through. She explains the language clearly along the way and gives you plenty of opportunities to practise what you've learnt. The course structure means that you can work at your own pace, arranging your learning to suit your needs.

The course contains:

- A range of units of dialogues, culture notes, grammar and exercises
- Further units of cultural briefings – in French to give you more practice
- Verb tables
- A quick reference list of key phrases
- An extensive French-English vocabulary

By the end of the course you'll be able to participate fully and confidently in meetings, on the shop floor, on the telephone, or in the bar after work.

TEACH YOURSELF BOOKS

FRENCH GRAMMAR

JEAN-CLAUDE ARRAGON

Teach Yourself French Grammar is an exceptionally clear step-by-step introduction and guide to French grammar.

Jean-Claude Arragon has created a modern grammar for learners at all levels. You can either work through it as a course, or dip into for reference as and when you need to. It makes an ideal companion not only to *Teach Yourself French* and *Teach Yourself Business French*, but also to GCSE, A Level and adult education courses.

Teach Yourself French Grammar features:

- Clear explanations of the essentials of French grammar
- A whole unit on common problems and their solutions
- All examples translated into English
- No obscure vocabulary: the words in this book are among the 3000 most commonly used in the language
- An extensive French-English vocabulary
- A pronunciation guide

TEACH YOURSELF BOOKS